人 文 中 国 书 系

中国文物

李 力 著

五洲传播出版社

图书在版编目（CIP）数据

中国文物/李力著. --3版. --北京：五洲传播
出版社，2016.5(2020.8重印)
ISBN 978-7-5085-3378-0

Ⅰ．①中… Ⅱ．①李… Ⅲ．①文物－介绍－中国
Ⅳ．①K87

中国版本图书馆CIP数据核字(2016)第081082号

中国文物

著　者	李　力
责任编辑	苏　谦
装帧设计	汤　妮
出版发行	五洲传播出版社（北京市海淀区北三环中路31号生产力大楼B座6-7层　邮编:100088)
电　话	8610-82007837　82005927
网　址	www.cicc.org.cn
承印者	北京圣彩虹科技有限公司
版　次	2020年8月第3版第2次印刷
开　本	720×965毫米　1/16
印　张	9.5
字　数	110千字
定　价	42.00元

目　录

前　言

中国是世界著名的四大文明发祥地之一。中国文明与世界其他三大文明，即两河流域文明、埃及文明和印度文明的最大不同，在于她自身的连续性和不间断性。在亚洲大陆东部这片广袤的土地上，在长江和黄河两条母亲河的哺育下，一群黄皮肤的中国人代代相传，世世相袭，他们始终守护着同一条文化根系，承继着同一种文化传统。多少次改朝换代，这一文化传统不变；多少回异族入侵，最终都融进了中华民族的大家庭。中华民族以海洋般广阔的胸襟，在几千年的历史长河中吸纳扬吐，终于成就了悠久、灿烂的中华文明。

中华文明的源远流长和博大精深，体现之一便是那些保留至今、数量巨大、种类繁多的古文明遗迹遗物，其内容几乎涵盖了人类物质文化的所有领域。在这里，我们将中国的文物分作两大类：一类是不可移动的文物，主要指地上地下的古遗迹，如古遗址、古建筑、古墓葬、石窟寺等；一类是可移动的文物，主要指古器物，包括石器、陶器、玉器、铜器、石雕、陶俑、佛教造像、金银器、瓷器、漆器、竹木牙角器、家具、书画及古文献等。本书的介绍以第二类古器物为主，间或涉及第一类中的某些内容。

早在北宋时期（960—1127），中国就有一批文人士大夫开

始研究古器物。他们主要从事对有刻铭文字的青铜器和石碑铭的研究，所以称为"金石学"。后来，人们将研究对象扩展到古物中更为广泛的领域，统称为"古器物"或"古物"。明（1368—1644）清（1616—1911）时，又有了"古董"、"骨董"或"古玩"的称谓。20世纪50年代以后，才逐渐统一使用"文物"一词。

半个世纪以来，中国大陆的田野考古调查和发掘工作从未间断，特别是最近20余年间，国家经济快速发展，各地建筑工程广泛动土，自然开启了许多深埋地下的文物宝库。而随着考古技术手段的不断提高，令人惊喜的考古新发现也不断面世。

本书对中国文物分类叙述，选择了陶器、玉器、青铜器、瓷器、雕塑、绘画、家具、工艺品等八大类，分别介绍各类文物的渊源和发展的大致脉络，其中每类文物又以其发展最成熟、最辉煌的时期作为重点。

除了书中所列这些文物，中国五千年文明造就的丰富物质遗存中，还有许多值得人们去欣赏和了解，例如金属铸币、古籍版本、书法艺术等。但它们已不是本书寥寥数章所能涵盖的了。若要对中国所有的文物作出全面、尽数的评述，将会是一件十分浩大的工程。本书谨以力量所及略加探讨，希望能对读者了解中国文物有所裨益。

彩　陶

陶器是中国文物中产生最早的一大门类。考古资料显示，陶器在中国约出现在距今1万年前。出土于江西万年仙人洞的一件复原陶罐，是迄今发现的中国最早的可整体复原的陶器。

陶艺的产生

人类的童年时期，就像我们的孩提时代，最初的创作灵感往往来自养育我们的这方土地。陶器也是这样产生的：将土加上水和成泥，搓成长条或做成泥圈，层层盘绕叠成圆筒形，再把捏拍成的一块圆泥饼接合在圆泥筒的下面作底，然后不断捏拍修饰，使腹壁向外弧凸，上端形成较小的圆口，并捏出口唇，一个泥坯罐子就粗略成形了；接着，将还有些湿软的罐坯移置到树荫下通风处，待晾得半干，再将表面拍打得更加光滑，然后埋入柴草堆中焙烧；最后，从火堆中取出的便是质地坚硬的陶罐。

最初，这些陶器的外形都很粗糙，形状很不规整，色泽也因火候掌握不当而深浅不一。但它们都是积累了无数代人的经验，花了成百上千年的时间，才被各个民族的先民们创制出来的。

在懂得制陶以前，人类制造工具及装饰品都只限于改变自然物的形状。例如

龙山文化白陶鬶，山东潍坊出土。

把石头敲砸成石片，再打磨成具有特定形状的工具，或是将兽牙、蚶壳等穿孔，串成项链等等。虽然改变了物质的外在形态，但并没有改变材质本身。陶器的烧制就全然不同了，它是将一种物质改造成另一种物质的创造性活动，也是人类按自己的设想用人力去改变天然物材质的开端。

遗憾的是，关于陶器是如何被发明的以及产生的确切时间，学者们至今众说纷纭。较为流行的一种推测是，沾有黏土的篮子偶然被放置在火旁，经火烤发硬，成为不易透水的容器，原始人由此得到启发，产生了效仿的念头。经过反复实验和不断改良，人们最终发明了制陶技术，即把经水润湿的黏土塑制成型，晾干以后用火焙烧，最后制成坚硬耐用而不易透水的陶器。

彩陶的发展

在原始制陶的初期阶段，人们还只是关注陶器的实用功效，尚无余力顾及装饰和美感，只有少数陶钵的口沿外壁饰有简单的红色宽带纹。

随着原始农业的发展，物质生活日渐宽裕，人们可以将更多的精力投入到陶器的烧制中。此时的陶器，除实用功能外，还要体现和满足人们对美的追求。原始制陶技艺由此向前跨越了一大步，发展到一个更高的阶段——彩陶。彩陶是史前文物中实用与

仰韶文化人头形器口彩陶瓶，距今约5600年，甘肃秦安大地湾出土。

美相结合的最初作品。

在距今7000—5000年间的新石器时代中晚期，彩陶进入兴盛期。最具代表性的出土区域大体集中在黄河流域上游和中游的甘肃、陕西等地。这些彩陶大多是当时人们日常生活使用的实用器皿，包括盛放物品的盆、罐、壶和饮食用的钵、碗等，表面绘有各种彩色纹饰和一些动物的简约形象。

由于史前时期人们席地起居，没有任何高足的家具，所有的日用器皿都直接放在地上，所以彩陶上的装饰花纹带都被安排在席地而坐的人容易看到的部位：钵和碗，多绘在口唇以下的外壁上部，也有的绘于内壁直到碗心；曲腹盆，绘于口唇以下曲腹以上的外壁及口沿面上，曲腹以下向内斜收的外壁一般平素无纹，因为那一部位是席地而坐的人不易看到的；大敞口的盆，外壁不易看到，就将花纹带安排在内壁上部；罐上的花纹带，多在肩部或上腹的外壁；小型的葫芦瓶，则外壁通体施彩色纹饰。

仰韶彩陶

中国史前彩陶中，最有代表性的是仰韶文化彩陶。

1921年，一个代表着中原地区母系氏族社会时期高度文明的原始村落遗址，在河南渑池仰韶村为考古学家所发掘。按照考古学惯例，这一新石器时代文化遗存被命名为仰韶文

仰韶文化猪面纹细颈彩陶壶，约前4500－前3000年。

化。伴随大批磨制精细的石器，考古学家还发现了大量日常使用的陶器。这些陶器制造精致，所用泥土经过淘洗，所以胎质细腻，入窑焙烧后成品一般呈橙红色，在质地上可分为细泥红陶和夹砂红褐陶。陶器上的花纹主要用黑彩，少数使用红彩，常以陶器本身的橙红色胎色为底色，也有的在制坯后先施加一层薄薄的白色或红色陶衣，然后绘彩焙烧，使花纹带的色彩对比更加鲜明。

经过科学测定，仰韶文化的年代大约在公元前5000—前3000年。此后，整个中原地区都陆续发现了一些类似的遗址和遗迹。它们所处的年代相近，文化遗存带有强烈的共同性，所以仰韶文化成了母系氏族公社时期中原文化的代名词，其分布地域以甘肃、陕西、河南为中心，覆盖河北、内蒙古、山西、青海乃至湖北的部分地区。

【龙山文化】

中国黄河中下游地区新石器时代晚期一类文化遗存的泛称。因1928年山东章丘龙山镇城子崖遗址的发现而得名。该遗址中常见轮制漆黑光亮的黑陶和薄壁蛋壳黑陶，故曾称为黑陶文化，后改称龙山文化。龙山文化遍布黄河中下游广大地区，各地区文化内涵存在差别，渊源也不相同，实际上不是单一的考古学文化。社会发展大体都处于父系氏族社会时期。

大汶口文化彩陶钵，约前4500—前2500年，江苏邳县出土。

马家窑文化彩陶瓮，约前3900—前2000年

1957年，在河南三门峡市庙底沟发现了仰韶文化和仰韶向龙山文化过渡类型的遗迹，考古学界称为仰韶文化庙底沟类型。经科学测定，庙底沟类型彩陶的年代为公元前3900年前后。该类型彩陶中有以动物形象为主题的图案，包括各种形态的飞鸟和简化变形的鸟纹，以及写实的蛙纹。

而比庙底沟类型稍早的仰韶文化半坡类型的彩陶图案，则以各种形态的鱼和简化变形的鱼纹为特色，有时还配以模拟鱼网的图案。也有青蛙的图像，形态蹒跚，和游鱼同饰于陶盆内壁，相映成趣。至于走兽，只见到在陶盆内壁绘出的小鹿。

分布在陕西华山附近的庙底沟类型彩陶的图案尤其引人注意，它们大多呈现出一种多方连续的美丽花纹。其制作方法是，先在器坯上安排好装饰花纹带的部位，然后以圆点排列定位，再用线或是弧形三角纹将圆点联结起来，组成既均衡对称又活跃生动的连续图案。仔细观察可以看出，它们是用阴阳纹结合的技法，来表现玫瑰花的覆瓦状花冠，以及花蕾、叶子和茎蔓。

由于仰韶文化包括不同地区、不同时代的多种类型，其彩陶装饰花纹带的主题纹样也各有不同。但以玫瑰花为题材的构图，在几乎所有类型的仰韶彩陶中都可见到，这又显示出某种内在的联系。

昙石山文化彩陶杯，约前3000—前2000年，福建闽侯出土。

仰韶文化彩陶船形壶，约前4800—前4300年，陕西宝鸡出土。

　　1954年发现的西安半坡遗址，是仰韶文化的重要补充。它是公元前4800—前4200年一个原始村落的完整遗迹。在半坡类型的彩陶中，存在大量动物、人面、鱼、鹿等图案，有些与原始宗教中的巫术有着紧密的联系。如将陶壶制作成两侧呈上翘尖角的形状，再在壶体上绘出鱼网图案，这是模拟一条首尾翘起的原始独木舟，浮游在水面上张网捕鱼，表达了人们对收获的期望。还有一些神秘的人面图案，至今仍无法获知其确切含义。它们都呈现为圆脸、直鼻、

彩绘陶罐，约前2000—前1500年，内蒙古敖汉旗出土。

仰韶文化人面含双鱼纹彩陶盆，约前4800—前4300年，陕西西安半坡遗址出土。

细目，头上戴有三角形的高帽子，嘴的左右两侧常常各衔一条鱼，有的额头两侧还各簪一条小鱼。有学者认为，这是巫师在衔鱼作法，以祈求捕获到大量的鱼儿。

另一些描绘天象的图案，应与原始农业生产有关，反映出史前居民对天文学的朦胧认识。有的采取写实的手法，将光芒四射的太阳与新月摹写于图中；更多的是采取象征的手法，用鸟和蛙的形象代表太阳和月亮，这是因为他们认为鸟、蛙分别是主宰日、月的精灵。最迟在距今7000年前，鸟、蛙就已经出现在彩陶图纹中。早期作品中鸟和蛙的形貌相当写实，特别是蛙纹，缩颈大腹，有着长满圆斑的脊背，步态蹒跚，饶有风趣。后来，鸟、蛙形象逐渐图案化和神秘化。彩陶纹饰中鸟和蛙的主题图案延续了3000多年，后来，象征太阳的飞鸟演变成金色的乌鸦，象征月亮的蛙演变成三足的蟾蜍。因此，在中国古代诗文中，"金乌"和"蟾蜍"就多是指太阳与月亮。

仰韶文化鹳鱼石斧图彩陶缸，河南临汝阎村出土。

彩陶艺术中鸟和鱼的图像也有可能曾被视为氏族的图腾。氏族不同，图腾崇拜的祖源也就不同。氏族之间的争斗和结盟，在艺术品中可表现为不同动物间的斗争或结合。河南临汝县曾出土一件用作成人葬具的大型彩绘陶缸，缸外壁绘有一幅奇特的图画，人们根据所画内容命名为《鹳鱼石斧图》。此图高37厘米，展开宽44厘米，是目前发现的中国史前陶器上画幅最大的作品。画面左侧，一只高大的白鹳挺胸伸颈，高傲地昂起头，大眼圆睁，长喙衔着一条鱼；鱼体僵直下垂，显然已丧失了挣扎的能力；在衔鱼鹳鸟的右侧，立放着一柄粗大的石斧，斧柄上有缠扎的织物或绳索，并饰有"×"形符号，它大约是氏族首领权威和力量的象征。此画色彩鲜艳，大鸟用白色绘出，但不勾轮廓，只用黑色画出眼睛，显得分外有神；而它衔着的鱼则用粗墨线勾勒轮廓，石斧的外轮廓也用黑墨勾勒，呈现强烈对比。这显示出，史前艺术家已能用不同笔法来增强画面气氛。

其他史前文化彩陶

与仰韶文化同时或稍迟的其他史前文化遗迹中也常有彩陶发现。例如分布在东北地区的红山文化，山东地区的大汶口文化，西北地区的马家窑文化及更晚的齐家

马家窑文化彩陶罐，约前3300—前2900年，甘肃临洮出土。

文化、辛店文化，南方的大溪文化、屈家岭文化，东南沿海地区的昙石山文化，甚至远到新疆、西藏的一些史前文化遗址，都有彩陶出土。中国大陆以外，分布在台湾岛上的史前文化遗址，例如台北的大坌坑和圆山、高雄的凤鼻头等遗址，也曾发掘到少量的彩陶，它们被认为是台湾海峡两岸诸原始氏族部落间密切联系的历史见证。这些不同地区、不同时期、不同文化的彩陶，在器物造型和装饰图案方面各有特色。

美　玉

玉雕艺术是中国古代艺术百花园中的一枝奇葩，它孕育于原始社会中晚期，距今已有约5000—7000年的历史，几与彩陶艺术同时。

美石与玉

上古的人们在选择和打磨石器时，发现了一些美丽的彩石，它们质地细腻温润，色泽柔和晶莹，中国古人遂称之为"玉"。

最初，一切温润而有光泽的美丽彩石都被视为玉。中国古代第一部汉字字典——东汉人许慎（58—147）的《说文解字》中称，"玉，石之美者。"其实严格说来，当时人称的美石，并不完全是今天矿物学意义上的玉。矿物学上的玉分为硬玉和软玉两类，大体以摩氏硬度7的玻璃为界，低于玻璃硬度的称为软玉，反之就是硬玉。硬玉俗称翡翠，颜色从翠绿、苹果绿到白、红都有，红者为翡，绿者为翠，有珍珠或玻璃样的光泽。软玉是一种交织成毡状的阳起石或透闪石，颜色有乳白、苹果绿至墨绿等，琢磨后可呈现灿烂的蜡样光泽，质坚韧，不易压碎，是上好的雕刻和观赏材料。

中国原始社会内涵广泛的美玉（或称彩石玉），发展到商（公元前1600—前1046）、周（前1046—前256），便逐渐被这种质地更为上乘的软玉所取代，此后历代沿用不衰，成为中国古代玉器的主体用材。

由于玉料来源的制约，加之玉器加工需

红山文化玉猪龙，距今约5000年，辽宁建平出土。

要相当的时间与耐力，人们一开始就对玉十分珍爱，很少用玉制作生产工具，而常常是将它们精雕细琢成各种首饰和特殊的装饰品。已知时代最早的玉器，便是管、珠、耳坠等首饰。从诞生时起，玉器便有一种高于石、木、骨、陶等器实用功能之上的审美价值，并迅速演变成王权（军事首领）与神权（巫师）的身份标志。近30年来，大量出土的新石器时代红山文化玉器、良渚文化玉器，乃至商周到秦（前221—前206）汉（前206—公元220）间的考古发现均表明，玉器主要出土于贵族墓葬的陪葬品中。

兴隆洼玉器与红山玉器

原先，学者们依据当时考古学的发现，认为中国最早的玉雕作品出自北方红山文化，时代距今6700—5000年。20世纪八九十年代，内蒙古赤峰市敖汉旗兴隆洼文化大范围遗存中，发现了一批早于红山文化玉器1000多年的玉雕作品。经测定，兴隆洼文化遗存的年代为公元前6200—前5400年，属新石器时代中期，距今7000—8000年以上。又因为兴隆洼玉器的矿物属性为阳起石—透闪石类，也就是前面所说狭义的"玉"，即真正矿物学意义上的软玉，所以

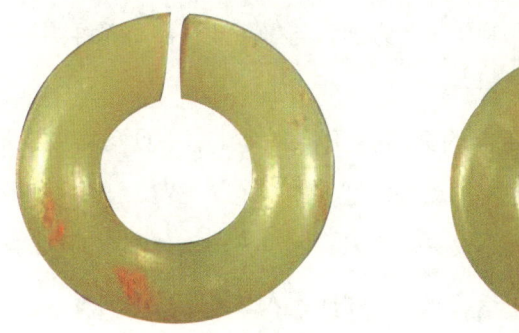

内蒙古敖汉旗兴隆洼出土玉玦

考古学界确认兴隆洼玉器是已知中国也是世界上年代最早的真玉。

兴隆洼玉器迄今发现50余件。这些玉器器形一般较小，种类主要是装饰品中近于环状的玉玦（耳饰）、玉管（连缀起来的项饰）和仿工具类的小型玉斧、玉凿等。它们大多通体抛光，素面，器表无任何装饰纹饰，表现出早期玉器的原始特征，还带有刚从细石器中分离出来的痕迹。

但兴隆洼玉器的选材和制作工艺，已经达到相当的水平。首先，当时的兴隆洼人已经对玉质温润、晶莹的属性有了一定的认识，能够将真正的玉石从一般石材中分捡出来，这被认为对中国玉文化的发展具有奠基作用。其次，他们显然已经掌握了玉器加工中最基本的切割、钻孔、抛光等技法，学会了使用"解玉砂"为介质的研磨技术，这些都为玉器最终进入艺术殿堂打下了坚实的基础。

分布于中国东北辽河流域和西拉木伦河流域，距今约五六千年的红山文化玉器，是中国原始玉雕制品中工艺最有特色、地域性最鲜明的作品。红山玉器在材质、种类和制作工艺方面，与兴隆洼玉器有着鲜明的同一性和继承关系。

红山玉器的突出特征表现为其中一批写实或象形的以鸟兽为主的动物造型，如玉龟、玉鸮、玉蝉、玉龙等。它们大小仅3—4厘米，器身无一例外都有对钻的小圆孔以备穿系，应当是佩挂在人身上的装饰用玉。

值得注意的是，红山文化玉器中有一件造型呈

【红山文化】

红山文化距今五六千年左右，分布于燕山以北、大凌河与西辽河上游流域，分布面积达20万平方公里，延续时间达2000年，因最早发现于内蒙古赤峰市郊的红山遗址而得名。红山文化的社会形态初期处于母系氏族社会的全盛时期，晚期逐渐向父系氏族过渡。经济形态以农业为主，牧、渔、猎并存，手工业发展达到了很高的阶段，形成了极具特色的陶器装饰艺术和高度发展的制玉工艺。

"C"字形盘曲的大玉龙。整件玉器通高26厘米，虽然龙颈背部也有供穿系的圆孔，但以其之大之重，显然不是随身佩挂之物。联系到红山文化遗址广阔地域内出土的10多件体形虽小，造型却极为相似的"C"字形小玉龙，人们推想，这件大玉龙或许就是当地原始氏族部落尊崇的某种神灵的象征。它可能在特定的场合（如祭祀时）被悬挂于某处，供人们祈求拜谒。如果这一推断无误，则这件红山文化大玉龙便标志着原始玉器已脱离装饰玉的局限，迈入礼器玉的门槛。

红山文化"C"字形大玉龙，距今约5000年，内蒙古翁牛特旗出土。

良渚玉器

20世纪初，来到中国的西方探险家和商人曾在上海购得一些造型独特、装饰怪诞的古玉器。其中一种内圆外方，中心部分被对钻出很粗的柱形孔，器表每面都刻饰着似人似兽的神奇图案，这便是良渚文化玉器中的典型礼器——神人兽面纹玉琮。但是，当时的买主和卖主都不知道这种玉器出自何处，也不知它们的产生时代。二三十年之后，浙江杭州附近的余杭县发现了良渚文化遗址，出土了同类器物。人们开始意识到，早年流往国外的那些玉器似乎与此地区有关，但仍无法确定这类古玉器的时代。直到20世纪80年代初期，南京博物院的考古人员对江苏吴县草鞋山和张陵山遗址的发掘，才

【良渚文化】

良渚文化为中国新石器文化遗址之一，因1936年首次发现于浙江余杭良渚镇而得名。主要分布在长江下游的太湖地区，年代距今约5300—4000年。该文化遗址最大特色是所出土的玉器，另外陶器也相当细致，文字和城址已露端倪。

第一次从考古地层上证实，以往江苏、浙江等地出土的琮、璧、钺类玉制品，都是新石器时代晚期良渚文化的遗物，距今已有约4000年的历史。

良渚玉器的主要分布地区是长江中下游的江苏、浙江、安徽等地。在这些玉器产生的时代，上述地区已进入贫富严重不均的等级社会，少部分人为了实行对大多数人的奴役和统治，除武力外还要极大地借助神灵和巫术的威力。我们所见的良渚文化玉器，便多是他们所借重并赋予某种象征意义的特殊用品，因此，属于礼玉的范畴。这些礼玉不见红山文化玉器那种生气勃勃的动物造型，而更多地与原始巫术和神祇崇拜有关，如琮、璧、冠状器、三叉形器、半圆形器等。这些玉器的造型大都表现为规矩、对称、稳定的几何形系列。如良渚玉器中数量最多、形体最大、作用也最重要的玉琮，便基本都呈现为外方内圆，中心对钻柱形孔。除其外轮廓有由圆形向抹角方形、再向方形转化的趋势外，其他均无变化。

人们早就发现，良渚玉器特别是礼器的表面，大都刻饰着一种包括动物的眼、鼻、嘴等五官在内的兽面纹饰。1986年，浙江反山良渚文化墓地出土的一件大玉

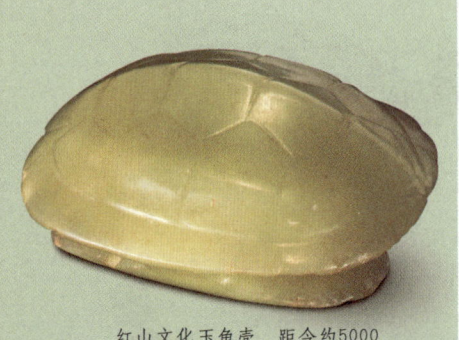

红山文化玉龟壳，距今约5000年，辽宁建平出土。

良渚文化玉冠形器，约前2000—前1500年，浙江余杭出土。

良渚文化三叉形器，约前2000—前1500年，浙江余杭出土。

琮引起了人们的高度注意。它高8.8厘米，射径17.6厘米，重达6.5公斤，被称为"琮王"。这件玉器表面刻饰有多组兽面，其纹饰之复杂繁缛，超过以往。每组兽面由上下两部分组成。上部是一个倒梯形人面，环眼、扁鼻、阔脸，头戴放射状羽毛冠，人面下方两臂平端下折，两手扶下部兽面眼；下部为一巨形兽面，环形重圈眼，两眼间以短桥相连，阔鼻、扁嘴。其中人的头部和兽的面部都以减地浮雕技法刻出，使之凸浮于器表，人的两臂及兽身则以细密的阴刻线纹装饰。一般认为，这是威力无比的神人降服了凶猛的怪兽，所以也称为"神人兽面"图案。这件"琮王"每面正中直槽饰上下两个"神人兽面"图案，四面共八个；又以四个转角为中轴，左右展开上下共八个简化了的"神人兽面"图案。全器十六组图案上下呼应，左右对称，极富装饰效果。

反山墓地出土的玉器大都或繁或简地刻饰同类"神人兽面"图案，特别是一件象征军事统帅权的玉钺，其上角也有着同一图案。

良渚文化玉琮，约前3300—前2200年，浙江余杭出土。有"琮王"之称。

学者们据此认为，这种特定的图案应是当时良渚人尊崇的神圣"徽帜"，而以往良渚玉器上所谓的兽面纹，很可能是这一徽帜的简化或变体。

商周玉雕

龙山文化玉冠饰，约前2500—前2000年，山东临朐出土。

比之良渚玉器，商周时期的玉雕技术已经有了很大的提高，其精美程度可从殷墟妇好墓出土的大量实物中见出。

妇好是商王武丁的妃子。1976年，她的墓葬在河南安阳殷墟遗址西南侧被偶然发现，出土文物1600余件，玉器就占了755件。其中一大批动物造型的玉雕作品生动传神，工艺水平极高。如两只毛色略呈褐黄的野兔，圆睁双目，长耳后抿，短尾上耸，躬腰曲体，仿佛正在向前跳跃。此外还有巨口利齿的猛虎，华冠秀尾的凤鸟，扬鼻嬉戏的小象，昂喙傲立的鸟，抱膝蹲踞的小熊，灵巧可爱的猴子。除飞禽走兽外，还有水族和草虫，以及一些神话中的动物，总计不下20余种，包括猴、兔、马、牛、羊、鹤、鹰、鹅、鸬鹚、鹦鹉、鱼、蛙、鳖、蝉、螳螂、龙、凤和怪鸟等。其中有六七件小玉蟠龙，兽首蛇身，颈背处有长鬣飘拂，均作环形内屈，呈"C"字造型，使人联想到它们与史前红山文化"C"字形玉龙在造型和寓意上的延续性。

妇好墓出土的玉器中，仅鹦鹉一种就超过20件，都是扁体浮雕，造型上突出高冠、长尾、钩喙等特征，形态鲜明，富于情趣。以一件对尾双鹦鹉为例，二鸟头向相反而尾部靠联在一起，形成均匀对称的构图，自右鸟喙部下经胸、爪、尾至左鸟尾、爪、胸直至喙部，形成半圆形外轮廓线，显得稳定而又连续；二鸟的冠羽高耸，背翅形成凹线，又显得富于变化，使作品稳重中蕴藏灵动，耐人寻味。玉鹦鹉长尾的端面被磨成锐利的斜刃，可用作玉质刻刀，既具观赏性，又具实用功能。

到周代时，玉璧的地位已超过玉琮而成为礼玉中的首器。玉璧是一种形态扁圆而中间有圆孔的礼器。上古玉器中，璧和环的形态非常接近，只是玉环的中穿要比玉璧大得多。一件质量上乘的玉璧，具有极其昂贵的价值，甚至可以用来交换多座城池。

商妇好墓玉凤，河南安阳殷墟出土。

据司马迁（前145—前87？）《史记》记载，战国时期（前475—前221），赵国得到一块稀世宝玉"和氏璧"，秦王听说后，表示愿意用15座城池来换取这块玉璧。赵王担心秦王有诈，不想将璧送去，但又怕秦国派兵来犯。蔺相如请命带璧出使秦国。他向秦王献上和氏璧，见秦王并无交城之意，便借口璧上有小小斑点要指给秦王看，取回了玉璧，并对秦王说："和氏璧是天下知名的宝器，您不诚心交换，我因此取回此璧。如果大王再加威逼，我就和玉璧一同撞碎于您面前。"秦王当即在地图上指出15座城池。但蔺相如知他有诈，要求秦王必须斋戒五日，在朝廷上举行隆重的仪式，方能献璧。回到驿馆后，蔺相如叫随从身藏和氏璧，设法送回赵国，从而实现了自己"完璧归赵"的诺言。

贵族墓葬中的"殓玉"

公元前1046年，周武王（前1046—前1043在位）率军伐商，攻进商都。暴虐昏庸的商纣王（前1075—前1046在位）走投无路，"蒙衣其殊玉，自燔于火而死"（《史记•周本纪》），也就是把多块美玉联缀起来，披在身上自焚而死。

从很早时起，中国古人就认为精美的玉石可以防腐，因此，许多玉礼器被作为死者的陪葬，还出现了专门用于殓尸的玉衣、玉握与九窍器（用以堵塞和覆盖人体口、鼻、眼、耳等孔洞）。良渚文化墓葬中，便有大量玉器串联成组佩，垫覆尸身的实例，被称为"玉敛葬"。1990年河南省三门峡市虢国墓出土时，墓主人棺盖上放置玉器近百件，棺内尸身则佩"人形玉组饰"，即尸体从头到脚都有玉饰片，特别是头部蒙覆的"缀玉面罩"，格外引人注意。这些玉饰片上都有细小的穿孔，据推测，原来玉片之下曾衬有丝织物加以联缀。这种包括玉面罩在内的"人形玉组饰"和商纣王的"蒙衣其殊玉"，都是玉衣的早期形态。

到了汉代，殓尸用的玉衣制作已相当成熟。已发现的汉代诸侯王墓中，普遍都出土有用金丝、银丝、铜丝甚至丝线编缀而成的类似甲衣的玉衣（古人称"玉匣"）。目前已发掘出土20多套玉衣实物。其外观同人形，可分头部、上衣、裤筒、手套和鞋五部分，全由磨制平滑的小玉片拼合，再编缀而成。

西周玉覆面，河南三门峡虢国墓出土。

清 "嘉庆御用" 青玉壶

如1968年河北满城出土的西汉中山靖王刘胜墓，墓主人刘胜所穿玉衣，由2498片玉片加金丝编缀而成，所用金丝约1100克。他妻子的尸身也穿着玉衣，而且棺具内外还装饰了大量玉板和玉璧，其中棺内壁镶玉板达192块。

玉器的繁盛

汉以后，随着西域古道的开通和日渐繁荣，产自新疆和田的美玉大量进入中原。玉原料供应的日渐丰富，使玉制品不再独为贵族所把持，而成为上至皇室下到士绅商贾显示地位和财富的装饰物。

从那时起，以玛瑙与诸色杂玉、青玉、青白玉及等而上之的羊脂玉和上品翡翠雕刻制品，逐渐发展成中国古代上流社会需求巨大的一个产业，并在唐宋和明清得到突出的发展。作为奴隶社会等级制度表现形式之一的玉制礼器渐渐为人淡忘，而作为高档装饰品、陈设品的玉器，则在中国人的审美取向中占据了近乎永恒的地位。

青铜器

青铜是人类最早发明的合金，它远比红铜坚硬，同时铸造、锻打性能优良。起源于原始社会末期、成熟和繁荣于商周时期的青铜器，是中国古代最富有礼制色彩的制品。秦汉以前的青铜器，可分为用于国家和宗室大典的礼器、一般日用器皿和陪葬用的明器三大宗。除了专门为王公贵族死后陪葬的明器外，其它青铜器按照使用功能，又可以分为兵器、乐器、炊具、食器、酒器、水具和车马饰物等。

刀、斧、钺、戈等兵器是当时青铜器中的大宗。编钟、镈等是青铜乐器的典型代表，属于礼器范畴，大多铸造精美。鼎、鬲等是从原始炊具中发展出的蒸煮用具，后来成为贵族、诸侯王和天子祭祀、宴饮中盛放整只牛、羊、猪及禽类的大型礼器。这类礼器在使用上有着严格的规定，如天子礼仪场合使用九鼎八簋（簋是一种食器），王公使用七鼎六簋、五鼎四簋等，总之是根据爵位的高低依次增减，同时器型的大小和重量等也有严格的等级限制。青铜酒器的种类最多，这可能与殷商人嗜酒有关。最早出现的酒器是以爵和觚为核心的器物群，包括觯、尊、卣、壶、觥、瓿和方彝等。不少尊、卣还被铸成鸟兽等动物形象。

青铜工艺

中国已知最早的青铜器，是发现于甘肃省东乡县林家的小铜刀和永登县蒋家坪的残断小铜刀，制造时间在公元前3000年至前2300年之间。至于黄铜残片的发

商代饮酒器：青铜爵

战国铜尊盘，湖北随县曾侯乙墓出土。尊是盛酒器，盘是盛水器，出土时尊置于盘中。

现，则在陕西临潼姜寨的仰韶文化遗址中，时间约为公元前4700年左右。在更迟一些的龙山文化时期，中国进入铜石并用时代，此时人们已能制作青铜的容器。

因为青铜是铜（红铜）与锡或铅的合金，与红铜相比，熔点有所降低，而硬度增强。含锡10%的青铜，硬度为红铜的4.7倍。同时，熔化的青铜在冷凝时体积略有增大，所以青铜铸件填充性好，气孔少，具有较高的铸造性能。

制作青铜器，要经过采矿、冶炼、浇铸、修整等几个阶段。浇铸之前，要先依器物的形态轮廓制成铸型——范（模具）。青铜器早期采用简单的单范，较复杂的则用上下两块范合范浇铸，可铸出扁体的双面造型的物品。如果要制作有容积的立体造型，就必须使用多块范，而且还要装有内模，这需要掌握更精湛的技艺。青铜器的纹饰先刻在范母上，然后翻成泥范，再合范铸器。

由上述青铜器铸造工艺技术的发展演变来看，青铜工艺经历了

由单范到合范，再发展为多块合范的过程。制作青铜容器必须掌握多块合范的工艺，所以青铜容器的出现，标志着青铜冶铸技术步入了成熟阶段。

青铜礼器

中国历史上最有名的青铜礼器，莫过于传说中的"夏鼎"。公元前219年，秦始皇（前246—前210在位）派遣上千人到安徽彭城边的泗水，去打捞传说中沉在水底的九件大铜鼎。据说这些铜鼎是中国历史上第一个国家政权——夏王朝（约前2070—前1600）铸造的，在夏、商、周三朝代代相传。

中国古代成语中有"问鼎中原"一词，来源于《左传》宣公三年（前606年）的一段记载。春秋（前770—前476）时，楚王率军征伐陆浑之戎，在东周的边界陈兵示威。周定王派王孙满任使者慰劳楚王，但楚王却一个劲儿地询问那九件传国大鼎的重量。因为鼎在当时是国家权力的象征，后来就称那些觊觎政权、图谋篡夺天下的人有"问鼎之心"。东周灭亡后，九鼎被秦始皇下令迁往秦国，途中落于泗水之中。秦始皇虽费千人之力，却并未找到九鼎。富有传奇色彩的夏鼎，始终没有重现人间，只在汉代画像石和画像砖上留下了"泗水捞鼎"的故事。

商代，鼎成为青铜礼器中最具代表性的重器。夏之后铸造的一些巨大的青铜鼎，在20世纪多有出土，其中形体最大、最重的一件是司母戊方鼎，现藏于中国国家博物馆。它高133厘米，重875公斤，鼎体方形，附有两个直立的巨耳，体下有四只粗壮的圆柱形足。鼎体腹边饰兽面纹和

西周"旅父乙"铜觚，陕西扶风出土。觚是一种酒器，属礼器，宴礼、祭祀时才能使用。

商前期兽面乳钉纹方鼎，河南郑州出土。鼎用以盛放食物，是祭祀、宴飨等活动中最重要的礼器。

夔纹，中间平素光泽，显得浑厚庄重。直立的耳廓上的纹饰，是猛虎噬咬着瞪目张口的人头，狰狞而神秘。鼎的腹壁内有铭文"司母戊"三字，据考证，它可能是商王文丁（前1112—前1102在位）为祭祀母戊而铸造的，"母戊"是他母亲的庙号（庙号是帝王为他死去的亲属颁赐的一种尊称）。

此外，近年来在河南等地也不断发掘出商代的青铜方鼎，其中最引人注目的两件出土于郑州商城西墙外的杜岭，形体比司母戊鼎

西周"墙"铜盘，陕西扶风出土。盘内底錾刻铭文284字。

小，大的一件高100厘米，重86.4公斤，但是铸成的年代比司母戊鼎早得多。鼎体呈方斗形，腹深而足矮，表现出比司母戊鼎的长方形鼎体更早的时代特色。它们同样是商王室用于祭祀活动的礼器。

除青铜鼎之外，其他的很多青铜容器也是商代重要的礼器，其中最具代表性的是皇室和贵族宴乐、祭祀等重大礼仪活动中用于盛放牺牲、食物和酒水的容器。它们大多工艺精美，装饰多样，反映了商王室贵族对于祭祀礼仪的极端重视，可视为青铜艺术的成熟作品。

青铜纹饰和铭文

商代青铜礼器上的装饰纹样，最突出的主题是兽面纹。其特征是一个正面的兽头，以竖直的鼻梁作为中线，形成对称的构图，左右分布双角、双眉和双目，鼻梁下是翻卷的鼻头和张开的巨口。有的兽头两侧伸出利爪，因其形体细小，更反衬出兽面之大与狰狞可怖。也有些兽面两侧均有身躯、腿和足爪，以及尾巴，似乎是双身共有一个头，实际上是古人在描绘正面的兽形时难于处理，就将身躯剖开，两边各绘出半片，合在一起来看，就呈现出完整的兽体。

　　北宋时的金石图籍中，认定兽面纹就是传说中所谓的"饕
餮"，是"有首无身"、贪得无厌的食人怪物。但称兽面纹为饕
餮，并不十分贴切，因为这种纹饰并非只有头无身，特别是较早的
作品，其身躯甚为明显，同时它的双角常似羊角或牛角。总之，图
案表现的应是自然界找不到的怪兽，它那狰狞的面容，常常给人以
沉重、压抑、神秘和恐怖的感觉。以之为青铜器的主题纹样，使礼
器增添了神秘可畏的色彩，体现了礼器拥有者的森严权威。这可能
正是商王贵族所希望达到的艺术效果，也是兽面纹日趋流行的原
因。除了兽面纹以外，夔纹、龙纹、蝉纹、鸟纹、蚕纹、龟纹等也

西周中期铜壶，陕西扶风出土。壶身有铭文12
行60字。

西汉鸟篆文铜壶，河北满城中山靖王刘胜墓出土。壶
身用金银丝嵌错出古代美术文字鸟篆文和动物纹带。

是商代青铜器常用的纹饰。

除了各种纹样外，青铜器上还常常刻铸有文字。早期青铜器铭文一般很少，只有几个字，内容多是器物的主人及父辈名，表示器物的归属。到商末西周时，铭文开始增多，达几十字上百字，多的甚至近500字，简直是将一篇文章刻了上去。这些铭文中不但有明确的纪年，而且大段记事，其中大多是记录某次占卜或征战过程。它们无疑是研究当时史实的重要文献资料。如1976年出土于陕西临潼的利簋，器腹内底铸铭文4行共32字，大意是周武王征伐商纣王，在甲子之日的早晨攻占商国，在辛未这一天赏赐青铜给有司利，利又用这些青铜铸了宝器簋。对照古文献，《尚书·牧誓》、《史记·周本纪》等均记载武王征商的决战之日确为"甲子朝"，与利簋铭文记述相符。

仿动物和人像造型的青铜器

商代青铜器中，有一些采用虚构动物造型的器物，呈现出富于幻想的奇异形象。如安阳殷墟妇好墓出土的四足青铜觥，就是造型诡谲的怪兽：其头似马，却长着一对扭曲的羊角；两只前脚长，下生兽蹄，两只后腿短，长着鸟的脚爪；腿的上部体侧长着翅膀；兽背上伏着一条头生双角的龙。该墓出土的一对妇好铭圈足觥，更将外形设计成鸟兽合体的怪异造型，从前面看，是一头跃起的猛虎；从后面看，则是一只昂头振翅的鸮。

【安阳殷墟】

　　殷墟位于河南安阳西北郊的洹河两岸。由商王盘庚迁都于殷到最后一代商王帝辛亡国，经过273年的经营，形成总面积约30平方公里的宏伟国都。19世纪90年代，在殷墟发现了占卜用的甲骨刻辞。从1928年起，人们对殷墟进行了持续、全面的科学考古发掘，先后发现宫殿、作坊、陵墓等遗迹，出土大量甲骨、青铜器、玉器等遗物。

这类超自然的神奇造型，在其后的西周仍然流行，陕西长安张家坡井叔墓出土的青铜牺尊是突出的代表。兽体上装饰着一虎、一凤和两条龙，头有些像牛，但生着龙角和竖立的耳朵，身有双翼，四足有蹄。全器布满兽面纹、龙纹、夔纹、雷纹等图案，繁缛华丽。

在这类作品中，还出现了人的艺术造型。有的人兽合体，如头生龙角的人面青铜盉。有的人兽共存，最著名的是所谓虎食人青铜卣：一只蹲坐着的虎，张着大嘴，前爪抓抱着一个人；人面对着虎，双手搂着虎胸，一双赤足蹬踏在虎的后爪上，偏着头并伸入虎嘴之中。从人虎互抱的形态，以及人无恐惧挣扎之状来看，似乎并不是表达猛虎食人的意思，而是人虎间和谐共处。有人认为那个人是具有通天法力的巫师，老虎是其通天的动物助手。卣是祭祀时盛酒的器具，因为巫师作法时要痛饮美酒，以提高精神状态，因此这件神秘莫测的青铜卣，可能真是巫师通天的法器。

除了动物或人兽共存造型的青铜艺术品以外，商周时期还出现了青铜人像雕塑品。

1929年春，四川广汉月亮湾的一位农民，在挖掘水车汲水坑时，偶然挖出了一个玉石器殉葬坑。此后，从20世纪50年代起，考古学家在半个多世纪中，在当地陆续发掘了一个距今4800至2800年，延续长达2000年，面积达15平方公里的大型古文化遗址群，这就是四川广汉三星堆。它所表现出的高度文明和地域特征，震惊了世界考古界。

在这个古代蜀人的祭祀坑中，有一件高262厘米

商"妇好"铜尊，河南安阳殷墟出土。尊是一种酒器。

商金面青铜人头像，四川广汉三星堆出土。

的青铜人物立像。人像身着饰云雷纹的长衣，赤足并带有脚镯，立于高座之上。此外，还出土有多件与真人头等大的青铜人头像，以及一些青铜兽头人像和人头面具。所塑人像面型较瘦，巨目暴突，大耳，方下颌，大嘴紧闭。

人类早期宗教的共同特征告诉我们，兽形神—半人半兽形神—人形神的演进过程，正折射出人类在自然界中地位的改变。三星堆文化中这种半写实、半具抽象意味的人像，或许是当时当地土著居民体质和脸部特征的反映。这些人像，是目前所知中国最早的青铜人像雕塑作品，自然是中国青铜雕塑艺术的瑰宝。

青铜兵器和防护装具

"国之大事，在祀与戎"，这话出自先秦名著《左传》，意思是说国家最重要的事情有两件，祭祀和战争。

先秦时期，战争大都发生在大的诸侯国之间。由于征战被视为与祭祀同等重要的大事，因此当时的青铜器中，占首位的便是各类兵器和防护装具。例如河南安阳殷墟妇好墓出土的青铜器中，殉葬的兵器就占总数的30%左右，比例仅次于礼器。一般的商周墓葬群中，兵器出土的数量和比例更大。

用于征战杀戮的青铜兵器，在设计与制作时主要着眼于杀伤的功能，同时也比较注重装饰，如有

商铜人立像，四川广汉三星堆出土。通高262厘米，是已发现的形体最大的青铜人像。

37

商青铜钺，河南安阳殷墟妇好墓出土。

的剑体上饰有纹饰和错金的铭文。比起进攻性兵器，青铜铸制的防护装具上的纹饰更令人望而生畏。这些防护装具主要是戴在头上的青铜胄和执于手中的青铜盾牌。就目前所见，河南安阳殷墟第1004号大墓出土的青铜胄数量最多而且装饰华美多样。胄的正面大多铸有兽面纹，有的是带有一双巨大弯角的牛头，有的是大耳巨目的猛虎，也有的仅有一双大眼睛，或者仅装饰两朵圆形葵纹图案。至于青铜盾饰，多铸造成面目狰狞的人面或兽面纹饰，巨目大嘴，獠牙外龇，显得神秘恐怖，藉以威吓敌人。

　　中国古代边疆地区的一些民族都很注重青铜兵器的装饰。北方游牧诸族喜好将青铜短剑、短刀的柄首铸成各种动物的形貌，如羊、虎、马、鹿等，对中原的青铜短刀造型有很大的影响。更引人注目的是西南地区古滇族的青铜兵器，上面有不少立体的鸟兽图像。在一些青铜戈、啄、斧等的銎管上，有的将动物雕像成组排列，如鹿、牛、

西汉长信宫鎏金铜灯，河北满城中山靖王刘胜墓出土。使用时，蜡炬烟炱可通过宫女右臂进入其体内，保持室内清洁。

秦始皇陵2号铜车马

猿、虎、狼、蛇、穿山甲等；有的还铸出人像，如一件青铜啄的鏊上有三个人和一头牛组成的立雕群像。有一件吊人青铜矛，揭示了当时滇族社会生活中最残忍的一面。在铜矛双翼上，铸着两个用锁链吊绑着的赤身裸体的奴隶（或者是被捉获的俘虏），他们的双臂被反绑在背后，头无力地低垂着，任凭乱发在额前垂摆，凄惨的情形动人心魄。在滇人使用的青铜铠甲上，也有精细的刻纹。云南晋宁石寨山滇人墓出土的青铜贮贝器的器盖上，铸有身穿这种铠甲进行战斗的武士雕像，再现了当时战争的激烈场景。

商周之后，随着铁器的大量使用，曾经盛极一时的青铜器逐渐消沉。青铜器中数量最大的青铜兵器在秦统一中原后被大规模收缴，旋即又被柔韧而锋利的锻钢兵器取代，因此存世品数量远不如早被贵族葬入地下的各式各样的礼器。但青铜器在最终走出人们生产、生活的舞台后，却以它特有的艺术魅力，在雕塑领域占据了不可替代的一席。陕西秦始皇陵陪葬坑出土的壮观的铜车马、甘肃出土的具有非凡想象力的马踏飞隼，以及至今依然矗立在北京故宫、颐和园中的高大青铜雕塑，都在向人们继续讲述它那久远的故事。

瓷 器

大约在商代，中国人在烧制白陶器和印纹硬陶器的过程中，不断摸索并积累经验，通过对原材料的选择改进，提高烧成温度，并在器表施釉，终于烧制出了原始的瓷器。瓷器的发明是中国对世界文明的一项重大贡献，而瓷器在一定意义上也被认为是中国文明的象征，以至于在英语中，"中国"和"瓷器"使用的都是同一个单词"china"。

在数千年中，中国的瓷器大致经历了原始青瓷、青瓷、白瓷和彩瓷等发展阶段。在唐（618—907）五代（907—960）之交，瓷器开始由民间生活日用之器，升级为贵族和皇室的消费品。先是地方官吏将一些上好的瓷器作为土特产呈进宫禁，随后又有了"奉御督烧"的贡品。五代时期，吴越国钱镠、后周（951—960）柴荣先后以帝王之尊下令其地瓷窑专门为皇室烧造"御用之器"，此应是所谓"官窑"的滥觞。

由于官窑烧造不计工本，惟求以上乘质量和精美工艺赢得帝王的欢欣，因而历代官窑精品都普遍高于同时代生产水平。其中宋汝、官、哥瓷，元（1206—1368）、明官窑青花瓷，明成化斗彩瓷、正德和嘉靖五彩瓷和清珐琅彩等稀有品种，历来是收藏家梦寐以求的珍品。

六朝青瓷

一般说来，瓷器须具备的几个基本条件是：（1）含铁量2%左右的瓷土为原料；

北朝莲花大尊，河北景县封氏墓出土。

（2）1200℃以上的高温烧成，胎质烧结致密，不吸水分；（3）器表施釉，胎釉结合牢固，厚薄均匀。从中国各地出土的商、周瓷器看，已基本具备了以上条件，应属于瓷器的范畴。但因为它们还是由陶器向瓷器过渡时期的产物，处于瓷器的低级阶段，所以又称原始瓷器。

从出土物看，原始瓷器多为豆、罐等容器，表面粗糙欠规整，釉色呈青灰或青中泛黄。由于瓷器较陶器有着更高的隔水性能，因此首先被人们用作水器。

西晋青瓷兽形尊，江苏宜兴西晋永宁二年（302年）墓出土。

原始瓷艺经秦、汉数百年的工艺改进，到东汉已趋成熟。那时的瓷器质量稳定，无论胎、釉还是烧成温度，都已达到或接近近代瓷的标准，因此，中国学术界将瓷器出现的时间定在东汉，约当公元200年前后。

东汉以后，从三国（220—280）到南北朝（420—589）的近400年中，除西晋（265—317）曾一度短暂统一外，中国长期处于分裂割据状态。北方战乱频繁，南方则相对安定，中原北方的贵族士大夫及各阶层民众大批南下，使得南方人口大增，经济迅速发展，为瓷器等手工业的兴盛创造了有利条件。目前江苏、浙江、江西、福建、湖南、四川等南方广大地区都发现了六朝时期的瓷窑遗址，瓷

器生产呈现出遍地开花的局面，为此后隋（581—618）唐瓷业的发展奠定了基础。

这里所说的"六朝"，是指公元3世纪初至6世纪末的300多年间，建都于今江苏南京的6个王朝。这6个王朝前后更替，分别为三国时期的吴（222—280）、两晋时期的东晋（317—420）和南北朝时期南朝的宋（420—479）、齐（479—502）、梁（502—557）、陈（557—589）。六朝时期瓷器的主流是青瓷，釉色以青灰色、淡青色、豆青色为基本色调，施釉时多用浸釉法，釉层厚度均匀。其中浙江地区著名的越窑、婺州窑青瓷胎釉结合最好，很少有剥釉和流釉现象，说明当时对胎釉的烧成温度和收缩系数控制得当，达到了很高的工艺水平。

六朝青瓷的造型和装饰艺术都超越了前代。其品种虽然仍是大量日用器和少量明器，但造型已突破了过去简单规矩的几何形体，出现了大批以动物形象为外轮廓或局部装饰的瓷塑制品，如鸟形杯、蛙形水注、兽形尊、鹰形壶、鸡首壶、青瓷卧羊等。这些栩栩如生的动物瓷塑，已不止是单纯的日用器，还可当之无愧地称为

吴青瓷羊，江苏南京清凉山吴墓出土。

艺术品。如浙江上虞百官镇西晋砖室墓出土的青瓷鸟形杯，造型模拟一只飞鸟：半圆形杯体为鸟腹，前方杯外贴塑高出杯沿的鸟头，下有鸟翼和足，后方杯外塑一上翘的扇形鸟尾，鸟头反顾，与鸟尾呼应，双翅振展，双足后缩于腹，仿佛在平稳地翱翔。全器造型别致，动中寓静，是一件难得的瓷塑佳作。江苏南京清凉山出土的青瓷羊，身躯肥硕，四肢蜷曲卧伏，形体比例十分准确，生动地传达出绵羊温驯的性格特征，釉层温润青亮，光可鉴人。

隋唐白瓷和釉下彩瓷

唐和五代是中国瓷器的第一次发展高峰，出现了著名的北方白瓷和南方釉下彩瓷。

白瓷是一种胎和釉都呈纯净洁白色的瓷器。它是在青瓷的基础上，通过对原料的进一步选择淘洗，并降低胎、釉中铁含量而烧成的。中国最早的白瓷出现于北朝北齐（550—577），河南安阳北齐武平六年（575年）凉州刺史范粹墓出土的一批白瓷碗、杯、长颈瓶可作为代表。这些瓷器胎质和釉色均呈乳白色，但某些釉层中略泛青，仍保留着青瓷的痕迹，是创烧阶段的产品。

隋唐以后，白瓷的烧制技术进一步提高，色调日趋稳定，器形更加精巧秀丽，成为深受上层社会喜爱的日用品。陕西西安郊区出土的隋大业四年（608）宗室贵族少女李静训墓中，发现了多件精美的白瓷小扁瓶、小盒、小罐等。其中最令人赞叹的是一件白瓷龙柄鸡首壶，高26.4厘米，通体以片纹白釉装饰，造型修长俏丽，夸张的龙首柄和昂首高鸣的鸡头更增添了华美的装饰效果。这批白瓷釉色已不见泛青或泛黄现象，说明白瓷工艺已走向成熟。

唐代白瓷窑址和瓷器多发现于北方河南、河北、山西、陕西及

安徽地区，长江以南则很少见，因此素有"南青北白"之说，即北方以生产白瓷为主，南方仍以生产青瓷为主。

这一时期，南方的青瓷在前代基础上稳步发展，仍以浙江越窑知名度最高。其胎质细腻致密，器形规整，釉层匀净，呈色青黄或青绿，温润如玉，光洁似冰；品种主要是用作食具的碗、盘和酒器、茶具，还有各式灯、枕、唾壶、印盒、粉盒等；造型增加了大量仿植物花卉的外轮廓，如荷叶形碗、莲瓣形盘、海棠式碗和葵瓣口碗等，器物整体或口沿部有的像盛开的海棠，有的仿佛出水的荷叶，起伏坦张，婀娜多姿，令人爱不释手。

晚唐到五代，越窑曾一度成为专为皇室烧制高级青瓷的官窑，所烧之器，臣僚百姓不得使用，故称"秘色"瓷。唐陆龟蒙《秘色越器》诗中赞道："九秋风露越窑开，夺得千峰翠色来"，但秘色瓷的"千峰翠色"究竟是什么颜色，人们却有着不同的理解。直到1987年，陕西扶风法门寺塔唐代地宫中出土了大批唐皇室供奉的佛教文物和各类精美供器，根据同时出土的记录这些器物名称的石刻"物帐"，地宫中出土的16件青瓷器均被称为"秘色瓷"，人们才终于见识了皇室御制秘色瓷的庐山真面目。这些秘色瓷呈现两种不同的釉色，除两件平脱瓷碗为青黄色外，其余均为青绿和湖绿色，釉色纯正，釉质晶莹润澈，釉层均匀细腻。这些瓷器造型简洁明快，有数件仿植物外形，如秘瓷八棱净水瓶，颈细长，肩腹部有八条竖向凸棱外鼓，呈瓜样，又如一件秘瓷盘口沿作五曲花瓣形。这些凸棱和凹曲的转折处分界显明，表明其成型操作十分严格。

位于长江中游的湖北长沙窑，在中晚唐和五代时烧制出釉下彩瓷器，引发了瓷器艺术的又一次革新。长沙窑釉下彩色调主要有褐、褐绿两种。制作方法是在坯上以褐、褐绿直接绘画纹饰，或先在坯胎上刻好纹饰轮廓线，再在线上填绘褐绿彩，最后施青釉。从现存大量实物看，这种装饰形式起初是单一的褐彩斑点，后来演变为粗犷美丽的褐绿彩斑点和褐绿色小圆点。长沙窑釉下彩突破和改变了青瓷的单一青色，丰富了瓷器的装饰手段，并为后世釉下彩的繁荣和发展开辟了道路。长沙窑釉下彩瓷的造型也有独特的风格，特别是各种带柄执壶，壶口有直口、喇叭口、洗口；壶腹有圆腹、长腹、瓜棱形腹、袋形腹；壶流有直管、八角、方柱形等，在唐代瓷壶中独树一帜。

绞胎瓷也是唐代的一种新瓷艺，以此工艺闻名的有当阳峪窑。绞胎，是用白褐两色的瓷土相间糅合在一起，再拉坯成形，胎上形成白褐相间的纹理或色斑，上釉焙烧后便成为绞胎瓷器。传世绞胎瓷枕较多，枕面上往往绞出三组圆形团花，呈等边三角形排列，构成装饰性很强的图案，称为"花枕"。因绞胎瓷制作工艺复杂，所以这种花

唐绞胎瓷枕

枕往往只在枕面以绞胎瓷为胎体，枕下大部则用白胎。
1978年北京故宫博物院在河南巩县窑址采集到一件花枕
残片，其断面表明，绞胎团花只占枕厚度的三分之一，
枕面以下三分之二是白胎。

宋代名窑

宋朝（960—1279）是中国瓷器发展的第二个高
峰。当时全国瓷窑林立，各类窑场如雨后春笋般遍布各
地。据20世纪50年代以来陶瓷考古调查结果表明，中国
19个省、市、自治区的170个县中，保存宋代瓷器窑址
的就有130个县，占现存历代窑址总数的75%，可见宋
代瓷业的繁盛程度。

为求生存和发展，各瓷窑展开了
激烈的竞争，一种瓷器受到人们的喜
爱，邻近的瓷窑就争相仿制，这直接促
成了同类瓷窑体系的形成。最终，一些
名瓷名窑脱颖而出，确立了自己的地
位，如后世盛赞的宋代五大名窑：汝
窑、官窑、哥窑、钧窑、定窑。由于这
五大窑中一些窑的传世品和出土标本极
少，因此，这里介绍考古调查基本清
楚、学术界大体确认的宋代六个著名瓷
窑体系：北方的定窑系、耀州窑系、钧
窑系、磁州窑系和南方的龙泉青瓷系、
景德镇青白瓷系。

吉州窑卷云纹瓷瓶，宋朝。

定窑　位于今河北曲阳涧磁村及东西燕山村。曲阳在宋代属定州，故名"定窑"。这是一个以生产白釉瓷为主的窑系，也产少量黑釉瓷（"黑定"）和酱釉瓷（"紫定"）。白釉中以一种白中泛黄，温润如象牙的"粉定"最佳，其釉稠腻似乳，对瓷坯有相当的覆盖力和修饰作用，成品被形容为"宛如薄施脂粉的少女肌肤"，所以被称作"粉定"。定窑白瓷装饰手法以刻花和印花为主，图案大多是动物和花卉形象，也有专为宫廷设计的龙凤纹样。

耀州窑　位于今陕西耀县的耀州窑，是宋代北方有名的民窑，主烧青瓷，尤以刻花工艺见长。其技法是以金属刀具在器外表按一定坡度，刻出深浅不同、层次不等的主、次纹饰，主纹深，次纹浅，给人以鲜明的浮雕感。纹饰中间和周围，又用梳状"排刀"划出细密的篦纹阴线，象征水波和花蕊，使整体图案更加细腻丰满。五代时期，耀州窑所产瓷器釉色分天青、粉青、灰青、豆青和茶色等类，北宋后釉色基本呈橄榄绿和淡青色，沉静而素雅。

龙泉窑梅子青釉莲瓣纹盖钵，宋朝。

钧窑　宋代名窑中最有特色的，莫过于河南禹县的钧窑。钧窑也属北方青瓷窑系，但它已不再是以氧化铁着色的传统青瓷，而是以氧化铜为着色剂，利用烧成中氧化和还原焰的作用，烧制出变化无穷、姹紫嫣红的各种釉色，即所谓"窑变"。其中以蓝色系列的瓷釉最富魅力，包括淡蓝的天青色、湛蓝的天蓝色、青蓝中泛白的月白色，它们都蕴含着一种萤光般幽雅的蓝色，使人联想到深邃的夜空或微熹的黎明。还有绚丽的铜红色釉，宛如夕阳中燃烧的晚霞。这一蓝一红两种主色调，构成了钧窑瓷的独有特色，为中国瓷器艺术开辟了一个全新的境界。

磁州窑　磁州窑系是北方最大的一个民窑体系，窑场主要分布于河南、河北、山西。磁州窑系以浓郁的乡土气息和民间色彩在宋瓷中独树一帜，素以釉下黑、褐彩闻名。釉下黑器彩绘，特别是瓷枕画面，大多取材于当时的生活小景，如小孩钓鱼、赶鸭、放鹌鹑、抽陀螺等，用笔清新简洁，线条自然流畅，虽着墨不多，却情趣盎然。此窑釉下黑、褐彩器，还承袭了唐代长沙窑在器表题写民谚俗语作为装饰的手法。器表（主要是瓷枕）题有"众中少语，无事早归"、"过桥须下马，有路莫行船，未晚先寻宿，鸡鸣早看天，古来冤枉者，尽在路途边"等，反映了磁州窑的主要消费者——普通民众的观念和意识。

龙泉窑　在浙江这片有着深厚青瓷工艺基础的土地上，宋代又诞生了龙泉窑系青瓷。龙泉青瓷继承了汉唐五代以来越窑青瓷的优秀传统，再经过对原料的筛选和烧制技巧的提高，烧制出如玉石般温润美丽的粉青和梅子青釉，代表着中国古代青瓷工艺的巅峰。

景德镇　享有"瓷都"之称的江西景德镇，在宋代以烧造青白瓷为主。这种青白瓷的釉色介于青白两色之间，青中寓白，白中显青，所以叫作青白瓷，又称"影青"。景德镇青白瓷与北方定窑

宋孩儿瓷枕

白瓷有密切关系，这是由于宋王朝国都从河南开封南迁至浙江杭州后，北方的各类工匠艺人随宋宗室南渡，来自原定州的制瓷工匠部分到了江西景德镇和吉州。他们把烧制白瓷的高超技艺与南方传统的青瓷工艺相结合，利用当地优质的瓷土、燃料和水源，创制出晶莹剔透的青白瓷。这种瓷胎体洁白、致密、精细，透光性极强，使釉色因厚薄不同而发生变化，釉厚处呈青绿色，釉薄处作青白色。景德镇青白瓷晶莹透澈的釉质与定窑象牙白的乳浊釉形成明显的对比，而全靠优质胎质本身形成的白色，使青白瓷成为真正本色的瓷器，为后来各种彩瓷的产生创造了必要的条件。

　　哥窑　宋代名窑中，除以上六个主要窑系外，须特别说明的还有哥窑。哥窑瓷的"开片"技法，被誉为一种人为的"瑕疵之美"，在宋瓷艺术中颇受推崇。所谓"开片"，就是釉面的裂纹，它是因釉料中加入特殊添加剂形成的一种釉面龟裂效果。最精美的

叫"金丝铁线"，即先在窑炉中冷却形成大开片裂缝，然后在裂缝间填嵌褐色紫金土后造成暗色的"铁线"；出窑后，器物釉面继续出现细小的龟裂，遂又呈现出细密的金黄色小开片，这便是"金丝"。金丝铁线，满布器身，形成哥窑瓷的奇异风格。

宋代瓷器以瓷胎、釉质和釉色最负盛名，同时宋瓷的造型艺术水平也极为高超。如北京故宫博物院所藏定窑白瓷孩儿枕，塑造了一个仿佛刚刚玩耍累了而伏地休息的童子形象，圆圆的大脑袋偏枕在前屈的双臂上，压在下面的右手中还握着系有长穗的彩球，两腿略微蜷曲，双脚上扬，姿态自然顽皮，造型生动而有神韵。同时，考虑到器物的实用功能，中间凹曲的腰部正好形成适于人头枕的枕面，造型美和实用性达到了和谐的统一。

瓷枕是中国古代的夏令寝具，因清凉沁肤、爽身怡神而受到人们的普遍喜爱。宋代磁州窑专制瓷枕的作坊便有四家，传世宋磁州窑瓷枕中带"张家造"款识的最多，估计这一作坊烧造瓷枕有300年的历史。宋代著名女词人李清照（1084—1151）的《醉花阴》中，有"薄雾浓云愁永昼，瑞脑销金兽，佳节又重阳，玉枕纱厨，夜半凉初透"的词句，所说"玉枕"，据考证就是当时景德镇窑烧制的青白瓷枕。

元青花

如果说，中国瓷器在宋以前基本保持了以青瓷、白瓷等单一色调为主流的发展趋势，那么到元代以后，这种格局便被一种全新的瓷器品种所打破，这就是闻名世界的青花瓷。

所谓"青花"，是指用钴料在瓷胎上作画，然后上透明釉，在1350℃高温下一次烧成，花纹呈现蓝色的釉下彩瓷器。青花的原料，即含钴的天然矿物，在中国云南、浙江、江西多有出产，也有的是由国外进口。

青花瓷的创烧时间，原来一般认为是在元代。1985年江苏扬州出土了一件青花瓷大碗残器，碗上所绘的成株牡丹和如意云纹，与唐代铜镜上的图案花纹相同。研究人员对碗的瓷釉和色料化验证实，碗是唐代河南巩县窑的产品，而碗上的蓝色花纹是用钴料绘成。因此，目前考古学界基本确认青花瓷在唐代已经烧成，元代继承了唐瓷釉下彩绘的成就，使青花瓷的工艺更加成熟，最终奠定了元青花的历史地位。

长久以来，中国各类瓷器的表面装饰上，刻花、划花、印花等技法都远远超过笔绘技法。青花瓷创烧以后，瓷器上从前的刻、划、印装饰技法便退居次位，而让首位于笔绘技法。因此青花瓷的烧制成功，被认为是中国瓷器由单一色调进入五色彩瓷阶段的伟大里程碑，是中国制瓷史上划时代的进步。

20世纪50年代以来，在对元代居住遗址、元代窖藏、元代和明初墓葬的考古发掘中，出土了数量可观、工艺水平极高的元青花瓷器。比较知名的有北京元大都遗址出土的一批青花瓷，包括一件造型、绘画构图和颜料呈色均十分华美的青花凤头扁壶、一件仿古青铜器的青花觚、一件青花托

元朝青花釉里红盖罐，河北保定出土。

盏。河北保定一处元代瓷器窖藏出土的青花釉里红花卉盖罐以及江苏南京出土的元青花"萧何月下追韩信"瓶也是出土元青花中的上品。

元青花瓷的优点主要是青花的着色力强，发色鲜艳，呈色稳定，因为属于釉下彩，纹饰永不褪脱。更重要的是青花瓷的白地蓝花给人以明净、素雅的感觉，不但容易清洗，而且在某种程度上极富中国传统水墨画的意境。所以青花瓷自问世以来不但在国内广受青睐，而且征服了海外的瓷器爱好者，以最具中国民族特色的瓷器闻名世界。

明清彩瓷

到明清时期，中国瓷器长期以单一色调为主流的局面被完全打破，出现了五彩纷呈、百色争辉的各种彩瓷。这些彩瓷精美艳丽，标志着中国古瓷器造型艺术与绘画艺术的最终合流。

青花 元代已成熟的青花瓷技术在明清时期得以进一步发展。其中，明永乐（1403—1424）至宣德年间（1426—1435），青花瓷质量最高，被称为中国青花瓷器的黄金时代。这时期的青花瓷，胎釉精细，青色浓艳，造型多样，纹饰优美。传说这时期的青料，是郑和（1371—1433）出航西洋从伊斯兰地区带回的所谓"苏麻离青"。这种青花料含锰量较低，含铁量较高，在适当的火候下能烧成蓝宝石一样浓艳的色泽。此期青花瓷的图案装饰以植物纹饰为主，如缠枝纹、牡丹、蔷薇、山茶、菊等；动物纹除少数麒麟、海兽外，主要为龙凤纹；也有仙女楼阁、婴戏图等画面。

斗彩 继青花瓷之后，明清彩瓷中又出现了斗彩。斗彩是先用釉下青花勾画出图案的轮廓，烧成后再在釉上按照图案的需要，填绘各种色彩，复以800度低温最终烧成。因此，斗彩是一种釉下青花勾勒和釉上填彩相结合的复合式彩瓷工艺。所谓"斗彩"，正是指釉下青花和釉上填彩争辉斗艳之意。

斗彩工艺开始于明宣德年间，以成化年间（1465—1487）斗彩最为有名，史称成化斗彩。宣德斗彩的釉上彩主要是单一的红彩，成化

五彩鱼藻纹盖罐，明朝。

青花滕王阁图缸，清朝。

斗彩的釉上彩一般都有三四种颜色，有的达六种以上。所施色彩的特征又极其鲜明，鲜红则色艳如血，油红则色重艳而有光，拙绿则色深浓而闪青，孔雀绿则浅翠透明……成化斗彩多为小型器物，如各式酒杯、高足杯、小型盖罐等。

　　除斗彩外，明代还有一种五彩瓷，其烧造原理与斗彩相同，只是釉下青花所绘图案与釉上其它色彩绘制的图案并无勾填的关系，而仅表现为色彩和构图的互补。

　　珐琅彩　珐琅彩瓷器是清代康熙（1662—1722在位）、雍正（1723—1735在位）、乾隆（1736—1795在位）三朝极为名贵的宫廷御瓷，过去俗称"古月轩"瓷器。经化学分析，其彩料不是中国的传统彩料，而是从国外引进的。匠师们在胎质细腻、洁白如雪的瓷器上以色调丰富的珐琅彩作画，由于彩料较厚，使得花纹凸起，

德化窑贴螭壶，明朝。壶嘴、盖纽、把手分别由三条小螭龙构成。

富有立体感。珐琅彩瓷器秘制于宫禁之中，是先从景德镇成批定烧的素烧白瓷器中选其精品送至北京，再由清宫内务府造办处专门安排画师和技工进行彩绘和再烘烧。因这种精美的瓷器完全是清代宫廷的垄断品，所以产量很少，也从未流出宫禁，因此，有清一代，民间绝无仿品。

粉彩　粉彩瓷器是在五彩瓷基础上，吸收珐琅彩制作工艺而创制的另一种釉上彩瓷器。雍正朝粉彩尤为精致，是在彩绘画面的某些部分以玻璃白粉打底，用中国传统绘画中的没骨法渲染，突出了阴阳、浓淡的立体感。所绘花鸟、人物、鱼虫，形态逼真，线条柔和。色彩亦很丰富，除白色地外，还有珊瑚红地、绿地等，十分娇艳柔丽。

明初开始，由于以景德镇为代表的全国瓷器生产的巨大发展，加之郑和七次下西洋的贸易刺激，中国瓷器外销量激增，一年出口达数十万件。除日本、朝鲜、东南亚地区外，还远销到欧洲、美洲、非洲各地。这些瓷器深受外国人欢迎，不少王侯贵族和富商大贾将他们得到的中国瓷器陈列在宫殿和住宅中，甚至视作比黄金还贵重的宝物。进行瓷器贸易的主要海上商路，则被学者称为"陶瓷之路"。

【陶瓷之路】

　　"陶瓷之路"是中世纪中外交往的海上大动脉。它发端于唐代中后期，在宋和明清时期达到鼎盛阶段。"陶瓷之路"的起点在中国的东南沿海，一条线路直抵日本和朝鲜，另一条线路沿东海、南海经印度洋、阿拉伯海到非洲的东海岸，或经红海、地中海到埃及等地。

雕 塑

俑像雕塑

据司马迁《史记·秦始皇本纪》记载，秦始皇统一中国初始，为防止各地再有军事叛乱，便下令收缴散落在民间的兵器，在国都咸阳销毁化铜，铸造成12尊各重达几十万斤的铜人像，立在宫殿门前。可惜，这12尊铜人像迄今未被发现，我们无缘一睹其真容。但秦及后代俑像雕塑的大量出土，却足以使我们了解到中国古代雕塑艺术的别种风采。

俑，是中国古代坟墓中用作陪葬的偶人。它的出现可以追溯到公元前1600年—前1000年左右的商周时期。在这之前，王或贵族死后普遍以活人殉葬，一次往往要葬入成百甚至上千奴隶。随着生产的发展，人的劳动力价值逐渐被看重，才开始用模拟的人形——俑来代替活人殉葬。根据古文献记载，最早的俑是用茅草束扎成人的样子作为象征，后来越做越精细，有用陶土烧塑的，也有用木料削制的。考古发掘表明，秦以前的俑形体都很小，多为十几厘米，甚至仅几厘米高，但都愈来愈向真人的形貌发展，不但身体造型肖似，而且还用墨笔描绘出眉眼、须发等细部，彩绘出衣裙甲胄，甚至穿裹以丝织衣物。

"始作俑者，其无后乎！"这是中国儒家文化创始人孔子发出的感慨，意思是第一个制作俑用来陪葬的人，应该绝子灭孙没有后代！孔子为什么如此痛恨俑呢？有人解释说，这是因为虽没用活人陪葬，但所做俑跟真人非常相像，人们心理上仍存有以活人陪葬的念头，所以也应该遭到谴责。究竟谁是始作俑者早已无从可考，我们所能确定的是，陪葬用的俑，在奴隶社会后期悄然兴起，并在秦汉发展到高峰。

无声的军阵——秦始皇陵兵马俑

公元前246年，13岁的秦始皇刚继承王位，就开始修筑自己的陵墓。这一巨大的地下工程持续了三十多年，征用民力最多时达70余万人。但陵墓造成不久，秦朝的统治便终结了，史载秦始皇陵地下宫殿在战争中被捣毁。现留下地上山一般高的墓冢。

1974年，陕西西安附近临潼县晏寨乡，一位农民在挖井时，偶然触及到了距秦始皇陵不远的一处陪葬坑。他先在地表下2米深处发现了红烧土块，掘到4.5米深时触及坑底的铺地砖，出土了一些陶俑残块和青铜兵器，于是停工上报。

从那以后，这里开始了大规模的考古发掘。发掘结果表明，这里共有四座人工建造的大坑，除一座未建完就被废弃外，另外三座都是土木混合结构的地下建筑。其中编号为1号坑的面积最大，达14000多平方米，呈长方形；2号坑在1号坑北侧约20米处，面积6000平方米，呈曲尺形；3号坑最小，呈凹字形。3个坑内共放置陶塑人像7000多个，此外还有陶塑马1000多匹。从1974年至今，这里的发掘工作一直在陆续进行，不断有新的文物出土。

这是一个惊人的发现，一个被称作世界古文明"第八大奇迹"的发现。这个奇迹的主体，就是数量众多、规模惊人的兵马俑。

美国著名艺术史学家房龙曾说过，"一切艺术，不仅反映艺术家的经济环境，而且反映他们的地理位置……每个民族，都必须使用手边现成的材料。"

出土了成千上万件秦俑的陕西关中平原，位于中国黄土高原的腹地，这里的黄土质地细腻，颗粒结构几近灰粉状态，易于吸收水分，并易于被塑捏成各种形状。公元前5000年，代表母系氏族文化发展高峰的仰韶文化彩陶，就出自这片黄土地。取之不尽的黄土，正是秦人手边现成的雕塑材料；出现在战国后期并渐趋成熟的灰陶

彩绘的秦俑

烧制工艺，又为秦人提供了制作大型陶塑的技术保证。秦俑作为中国古代特殊的人像雕塑，正是在这样的背景下产生的。

秦始皇陵陪葬俑坑中的陶俑，是模拟真人塑制的，其身高加上脚下的托板，每件高1.8米左右。由于形体高大，难以用整模塑制，就采用分段模塑的办法，将身体的不同部位，如躯干、腿、臂、足、手等，分别用陶塑模具翻出陶胎，再将各部位陶胎接套粘合成一个整体。这一过程是自下而上逐步完成的：先制成底部托板和双足，再接上双腿、躯干，然后是双臂、双手，最后安插俑头。

秦俑的面部造型呈现出典型的中国北方人种特征，脸部整体扁平，眉眼细长，颧骨略突。由于对眉目耳鼻、发髻胡须，以及铠甲、衣纹的细部修饰，是经由不同的制作匠人分别用手工完成的，每个陶俑的相貌、表情都不尽相同，显得生动而富有变化。

因为形体高大，秦俑套接成形后的焙烧工程必然费时费力，估计是一俑一窑或几俑一窑焙烧，窑场也应该在陵区附近。

与陶兵俑一样，陶马俑也是按当时真马的形体和大小塑制的，一般体高约1.5米。其制作也是按马体各部位分别加工后组合成一体，再入窑烧制。无论是驾辕的战车马，还是骑兵的鞍马，一律塑成四足直立的静止姿态。马体上的鞍垫等是贴塑的，马头佩戴的络头和马镳则是另行套装的真实原物，其上饰有青铜饰件。

今天，参观者进入秦俑坑发掘现场，看到的是一片灰黑、炭褐色的俑群，朴素而单一。其实最初制成入葬时的秦俑完全不是这个样子。他们的衣饰表面原来曾有各种华美的色彩，是在秦俑焙烧出窑后敷涂的，所用颜色有朱红、枣红、粉红、粉绿、粉紫、粉蓝、中黄、桔黄以及白、黑、赭等色，其中以朱红、粉红、粉绿、粉蓝和赭等5种色彩使用最多。化验表明，当时使用的都是矿物质颜料，以明胶作调和剂，浓色平涂于俑体之上。陶马的躯体同样敷涂色

彩。只因年代久远，又埋于泥土中，色彩多半脱落。发掘出土时，有的还保留着彩绘痕迹，有的色彩脱落粘着在旁边的泥土之上。

模拟真人的秦兵马俑，如果仅就一人一马的造型来看，艺术水平并不能算太高。秦兵马俑的魅力在于它的整体，在于那庞大列阵所显示出的一种震慑人心的整肃和威严。

当你踏进秦俑博物馆高大的圆拱顶展厅，面对着坑中成千上万的灰黑色士兵和马匹时，时间似乎开始凝固，然后迅速回移，带你返回到两千多年前的世界。在面积最大的1号坑里，6000多个陶俑整装肃立，另外还有由4匹马拖驾的木质战车模型。陶俑排列得极为规整，前面是横排三列计210名持弩战士，后面是分成38路纵队的步兵和战车兵，左右两侧和最后一排，各有一列面朝外的持弩战士。在2号坑中，排列着战车89乘，驾车陶马356匹，各类兵士900余人，骑兵用鞍马116匹。

兵马俑2号坑是一个多兵种的军阵，除车兵和骑兵外，还有弓弩兵。图为身着铠甲的跪射俑。

这可能是一种实战的列阵，是一批模拟实战的士兵。他们身着的甲衣都是按实战的要求设计，步兵甲衣短而车兵甲衣长，从甲衣的编缀和质感分析应为皮甲。为便于实战，战马剪短了鬃毛，束扎了马尾。

重重队列，庞大的军阵，无数的战士和车马，似乎将人带入了一种古老而寂静的永恒。但即便是这种没有一丝声音的凝固，依然让人感受到秦国军队那逼人的气势。凭着这样的气势，他们曾打败了东方六国的军队；现在，他们又以同样的姿态为国

兵马俑1号坑，深5米左右，每隔3米有一道承重墙，已出土陶兵、陶马、陶车1000多件。这是一个以步兵为主的长方形军阵。

君送葬。

　　将模拟人形的陶俑制作得与真人同大，且数量如此之多，是秦统一中国后的创举。在秦之后，再也没有出现过这样高大的作品。从这个意义上说，秦俑确是中国古代陶塑品的空前绝后之作。秦兵马俑的出现，一方面显示了秦王朝的宏大气魄与雄浑气势；另一方面，所费人力、财力和物力之巨，也是难以想象的，因此它们又是秦王朝苛政的有力证据。

小而精致的汉俑

　　秦王朝覆亡后，经过几年惨烈的争霸战争，最后是刘邦获胜，

东汉击鼓说唱俑，四川成都天回山出土。

建立了又一个大一统的王朝——汉朝。汉初经济凋敝，连皇帝都无法找到四匹毛色相同的马来为自己驾车，官员们只能乘坐缓慢的牛车出行，一般百姓的贫困更可想而知。所以汉代的造型艺术品，已无法保持秦时的气概和风貌。汉代皇帝陵园中随葬的陶俑群，总体数量虽没有减少，但形体尺寸却大为缩小，再也看不到如秦俑那般高大如真人的俑像了。

汉代皇帝陵旁的陶俑坑，目前已探明情况并作了考古发掘的，有陕西西安郊区汉景帝（前156—前141在位）阳陵周围的陪葬坑、汉文帝（前179—前157在位）霸陵附近窦皇后陵园西墙外的丛葬坑，以及汉宣帝（前73—前49在位）杜陵北的陪葬坑等。其中规模最大的阳陵俑坑已出土陶俑数千件，据估计，尚未面世的陶俑会比秦始皇陵俑更多。不过这些陶俑形体都很矮小，阳陵俑高约60厘米，杜陵俑高约56厘米，霸陵俑高53—57厘米，都只有秦俑体高的1/3。

汉俑形体虽小，但其造型艺术比秦俑有了很大的提高。阳陵男俑的许多头部造型已相当细腻，脸庞的轮廓、五官的布置乃至不同个体的面部表情，都被准确而传神地表现出来。俑的形体方面，霸陵窦皇后丛葬坑出土的女侍俑制作精致，姿态或立或坐，躯体线条流畅优美，颇显人物仪态之端庄，不再有秦俑造型呆板之感。

汉俑的小巧和精致还表现在俑所持的各类器具上。阳陵汉俑手持的矛、戟、剑、弩机、箭镞等兵器，以及凿、锯、锛等生产生活用具，都是用铁或青铜制作，尺寸大致是原实物的1/3，与俑的体高比例吻合，且做工极为精致。如一陶俑所携铜钱，直径不及1厘米，但圆轮方孔，面文突起，"半两"二字清晰可辨。

考古发掘中出土汉俑的另一个突出特点是多呈裸身形象。最引人注意的是近年发现的阳陵陪葬陶俑，所有的几千件出土男俑都是裸体，生理特征十分明显。除男俑外，近年亦有汉裸身女俑出土。

事实上，现在我们看到的汉代裸俑，当初入葬时都穿着各式衣裳裙甲，只是由于年代久远，那些丝棉织物均已腐朽不存。另外，这些裸俑出土时缺少双臂，只在双肩部留有孔洞，说明当年应是安装了木质臂膀的，只不过出土时已朽烂无踪。汉陶俑写实地表现出生理特征，本意还是要模拟真人，让他们到冥间为死去的帝王服务。

西汉（前206—25）初年，中国社会结束了长期的战争状态，加之统治者推行与民休息政策，社会经济得到初步恢复。到了西汉中晚期，社会政治稳定，经济得

西汉裸身男俑，陕西西安阳陵出土。

西汉杂技俑，山东济南出土。

隋炊事女俑，湖北武昌出土。

到复苏并稳定发展，这种变化随即反映到随葬俑群的题材和艺术风格上。比如，除过去常见的武士俑和男女侍俑外，出现了造型更为自由、姿态更加生动的歌舞百戏组俑，特别是一些木雕的说唱俑。江苏盱眙东阳和扬州邗江胡场等地发掘的西汉晚期墓葬里，都出土过木雕的说唱俑，它们常为坐像，一手微举，一手抚膝，眯眼张口，是现存西汉木雕中的艺术佳作。

以舞乐杂技为题材的俑群，在山东济南无影山西汉墓也有发现。那是一件场面颇大的作品，众多的舞乐杂技陶俑被固定塑制在一个大托板上，人物多达20余个。托板中央是舞乐百戏演出，有6个演员，一组7人乐队，以及1个穿红色衣服的人，似乎是演出的指挥者。演员中2个长衣女子挥动广袖，翩然起舞；另外4个青年男子，短衣赤足，正在表演翻筋斗、倒立和柔术。乐队在一旁伴奏，分别有击鼓、鸣磬、鼓瑟之人。在大托板的两侧，还塑有站立着的观众。这组陶俑的造型较稚拙，仅具人物形体轮廓，但色泽鲜艳，人物众多，表现了当时舞乐百戏演出的热闹场景。

　　河南地区出土的西汉晚期墓葬中，除舞乐杂技俑外，还有表现农业生产的作品，包括摇风车扇谷及踏碓舂米的仆从俑，以及牛、羊、鸡、犬、鹅、猪等家禽家畜模型，显示出浓厚的世俗生活情趣。

绚丽的唐三彩

　　公元3—6世纪，中国进入战乱分裂的三国两晋南北朝时期，此时的陶俑塑制工艺和造型组合有了全新的变化。从西晋墓葬来看，随葬俑群主要由四部分组成，第一组为低头昂角的牛形镇墓兽与身

唐彩绘侍女俑，陕西西安出土。 　　　唐镇墓武士俑，陕西礼泉郑仁泰墓出土。 　　　　　唐胡人彩绘俑

披铠甲的镇墓武士俑，主要为了镇墓驱邪；第二组为牛车和鞍马，是墓主在冥间出行的车骑；第三组为男女侍仆，供死者在冥间役使；第四组包括庖厨用的明器，诸如井、灶、磨等，以及供役使和食用的家畜、家禽。

南北朝时期，中原地区出现几个实力较大的军事集团长期割据的局面，导致局部战争连年不断，农村经济遭到极大破坏，百姓生活不得安宁。一些乡绅氏族立起高墙壁垒，并建立大批私人武装，四周避乱的农户也甘愿投入其保护之下，庄园经济由此产生并得到发展。发掘出土的仪卫俑正是这一时期的产物。这些陶俑中的战士和战马皆身着铠甲，还有骑马的军乐队，装备严整，鼓角齐鸣，颇有出行的气势。

唐朝建立以后，到高宗（650—683在位）、武后（684—704在位）时期的墓葬中，随葬俑群已显示出盛唐的时代风貌。甲胄武士形貌的镇墓俑已改为足踏卧兽的天王形貌的镇墓俑，还出现了体高与天王状镇墓俑近同的盛装文官和武官俑，文官俑戴介帻，武官俑戴弁冠，姿态端庄。自西晋以来作为出行俑群行列中心的牛车，已经为鞍辔鲜明的骏马所取代。原来流行于南北朝至隋，以重装骑兵为前导的军事气氛浓郁的出行对列，这时已充满享乐欢快的色彩，重装骑兵逐渐消失，大量出现的骑士或手臂驾鹰，或携带猎犬、猎豹，组成外出狩猎的行列。队列中还有骑马的鼓吹乐队以及打马球的骑手。

就在这一时期，出现了釉彩绚丽、造型生动

唐三彩骆驼载乐俑，陕西西安鲜于庭诲墓出土。

唐三彩马

的三彩俑，达到了中国古俑艺术的最高峰。这是以一种釉彩多变的低温釉陶（烧成温度约在摄氏800—1100度）制作的俑，釉色鲜艳但不透明，色彩以黄、绿、赭色为主，所以俗称"唐三彩"。实际它的釉色并不止三种，还有蓝、黑等色。

到唐玄宗开元（713—741）、天宝年间（742—755），社会经济的空前繁荣导致人们崇尚奢靡之风，促使三彩工艺达到它的最盛期。这时三彩俑的人物造型，体态肥满丰腴，特别是女俑，高髻长裙，面容富态，雍容大度，反映着当时社会流行的审美风尚。人物造型准确，轮廓曲线富于变化，显示了唐代人物圆雕取得的高度艺术成就。

唐三彩作品中造型最为生动的是骏马，最具代表性的是葬于公

元723年的鲜于庭诲墓中出土的两组四件三彩马。它们的体高都超过50厘米，两匹毛色纯白，另两匹是颈部带有白斑纹的白蹄黄马。四匹马造型都极生动，长颈肥躯，体骨匀称，马尾结扎成弯角形状，马具鲜明，镳和鞍、鞦的革带上都饰着漂亮的黄金花和杏叶。一对白马的长鬃剪出当时流行的"三花"饰，另一对白蹄黄马只将马鬃剪出一花。鲜于庭诲墓中还出土了一件极为罕见的骆驼载乐俑，在骆驼背驮载的平台上，塑出四人乐队和一名起舞的绿衣胡人男子。骆驼造型雄健优美，乐俑、舞俑形象生动。

俑像的余晖

五代十国时期，墓葬用俑基本沿袭唐代规制。江苏、四川、福建等地发掘的前蜀、南唐、闽等小朝廷的帝王和高官的墓葬中，出土了大量的随葬陶俑，它们除了共同的时代特征外，还各具地方色彩。例如江苏江宁牛首山发掘的南唐二陵，虽然早遭盗掘，残留下来的陶俑还多达200余件，其中除宫女、舞伎、武士等外，还有许多人首鱼身、人首蛇身、双首蛇身等形体怪异的俑，应属镇墓压胜的神怪形象。

到了宋朝，随着丧葬习俗的变化，特别是焚烧纸明器习俗的兴起，随葬俑群日趋衰落。但在各地发掘的宋墓中，仍不断有随葬俑发现。河南盐店宋墓出土的雕刻精美的各式石俑、江西鄱阳和景德镇南宋墓出土的表演戏剧的瓷俑等，都是极有价值的文物。在北方的辽墓和金墓中，也可见到陶俑的身影。北京昌平陈庄辽墓出土的男女陶俑，如实塑出契丹族髡发的发式，生动地反映了契丹的民族习俗。山西侯马金大安二年（1210年）墓中出土的涂彩杂剧砖俑，是研究中国戏剧史的极其珍贵的实物史料。

元代蒙古族王公的坟墓中是否有俑随葬，目前缺乏科学的考古发掘资料。但在陕西、甘肃一带的元墓中，出土有数量众多的随葬陶俑，俑的服饰和发式刻划精细，为研究蒙元服饰提供了重要依据。

明朝时，数量庞大的随葬俑群再度成为王公和高官身份、地位的象征。在江西、山东、四川等地发掘的明代诸王陵墓中，都出土有制工精细的随葬俑群，有木俑、陶俑，还有釉彩绚丽的釉陶俑。成都永乐八年（1410年）蜀王世子朱悦墓中，出土了数量超过500件的釉陶俑，排列整齐，形成以象辂（以象驾驭的华车）为中心的仪仗行列，如实反映了明初亲王的仪仗制度。

明代皇帝陵墓中放置的随葬俑群数量更是多得惊人。在北京明十三陵中唯一经考古发掘的万历帝朱翊钧（1573—1619在位）的定陵，后殿棺床南北两端放置的大器物箱中，有7箱满装随葬木俑。可惜箱子和木俑腐朽过甚，有6箱仅能从表面或部分保存稍好处窥其形体，只有1箱保存尚好，内置木俑约1000件以上，能够完整取出的尚有248件，都是以杨木、云杉、落叶松等木质圆雕而成，上施彩色，面部敷粉，墨绘眉目，朱涂口唇，多属立姿的仪仗俑。如果7箱木俑均保存完好，其数量恐近万件之众。

清朝的帝陵未经科学发掘，不知是否沿袭明陵用俑制度。但广东大埔湖寮圩曾清理过清初传奇将领吴六奇的坟墓，墓内随葬有一组陶质仪仗侍仆俑群，以及各类家具什物陶模型，总数超过100件。这是目前所知在考古发掘中获得的年代最迟的随葬俑群，或可视为绵延数千年的古俑艺术的落日余辉之作。

【明十三陵】

明十三陵是中国明朝皇帝的墓葬群，坐落在北京西北郊昌平区境内燕山山麓的天寿山。这里自明永乐七年（1409）始作长陵，到明朝最后一位皇帝崇祯葬入思陵止，其间230多年，先后修建了13座皇帝陵墓、7座妃子墓、1座太监墓。共埋葬了13位皇帝、23位皇后、2位太子、30余名妃嫔和1位太监。

陵墓石刻

　　陵墓石刻是目前已知中国最早的大型石雕艺术品，被认为具有纪念碑性质，较常见的有石阙、石碑、石雕像等，大多见于陵墓前墓道和墓门的两侧。石阙最初是宫殿门前带有威仪和装饰作用的建筑，两汉之际，逐渐成为王公宅门与陵寝前标志性的建筑装饰品。石碑产生的年代相对较晚。石雕像取得的艺术成就最高，影响也最深远。

　　传说秦始皇刚刚统一中原时，有人在甘肃临洮见到一个巨人，叫翁仲，"其高五丈，足迹六尺"，力大无穷。秦始皇将天下收缴的兵器熔化掉，铸成的高大铜人遂取名翁仲。后来，南北朝开始有人效法，在陵墓前用石雕做成石翁仲，并相沿流传不绝。

汉代陵墓石刻

　　早期陵墓石刻中最有代表性的，是西汉名将霍去病（前140—前117）陵墓石雕，位于今陕西西安茂陵。

　　西汉时，北方疆域常受到游牧民族匈奴的侵扰。年轻威猛的骠骑将军霍去病，多次率军与匈奴鏖战，为巩固汉朝江山立下了汗马功劳。霍去病去世后，汉武帝（前140—前87在位）命令军队披着黑色铠甲在国都长安列阵为他送葬，还模拟他曾经战斗过的祁连山的形貌为他修建墓冢。在形如大山的墓冢上，安放了多种动物的石雕像。这组雕像皆选用巨石刻成，长度一般超过1.5米，最大的达2.5米。历经两千多年的沧桑变迁，这组石雕虽部分保存下来，但原来放置的位置已无法考证。近年，当地政府将尚存的16件作品集中建室保护起来，计有卧马、跃马、卧虎、卧猪、卧牛、羊、象、鱼及"马踏匈奴"、"怪兽食羊"、"人与熊斗"等。依据现存作品分析，这组石雕的核心应是其中三件骏马雕像。

卧马、跃马和"马踏匈奴"三件骏马雕像，可以看作是召唤、战斗和胜利三个阶段的象征，强烈地表现了称颂英雄击败匈奴军队的主题。那匹卧马虽呈卧姿，但扬颈奋首，似乎已经听到战斗的召唤，准备跃起直赴疆场。那匹跃马，前肢腾起，与其巨大的体量相呼应，表现出一往无前征服强敌的气势。"马踏匈奴"中的骏马，将敌人仰面压在马腹之下，满腮胡须的敌人不甘失败，用手中的长矛刺向马腹，但胜利的骏马毫不理会，稳稳地站立在大地之上。

从霍去病墓的石雕群像可以看出，当时中国的石雕技艺还处于初级阶段，作品造型相当大程度上受到石材形状的限制。由于缺乏精良的工具将巨大的石坯镂雕成形，人们只好尽量选取与作品造型轮廓大致近似的石材，以求只进行最少量的修凿加工。外形轮廓雕好以后，加工的重点集中于刻划动物的头部，以及最能表现动物体态特征的部位。至于细部刻划，仅能利用浮雕和线刻技法。为了弥补技法拙稚的不足，就将动物设计成伏卧的姿式，从而避免了腿与腿之间的空间需要镂雕的难题。

南朝陵墓石刻

南朝是宋、齐、梁、陈四个政权的总称。这里所说的南朝陵墓石刻，是指这几个朝代的帝陵和王侯墓前的石雕。由于这四个政权都建都于今江苏南京，南朝的陵墓石刻主要分布在江苏南京及附近的丹阳、句容县境内，其中南京的17处和丹阳的13处石刻遗存，都已被列为国家级重点文物保护单位。

随着时代的变化和朝代的更替，南朝陵墓石刻的造型和所表现的气势也有所变化。以神兽为例，在南朝石刻艺术开创期的宋时，神兽造型稍显简朴，但颇浑厚自然；齐、梁是成熟期，作品造型雄健，姿态生动；至陈则进入衰微期，当时国势衰败之气也反映到艺

南朝梁萧景墓带翼神兽

术作品中，所雕神兽头颅较大而向后仰，看上去缩颈拱肩，四肢矮短无力，已无昔日挺胸傲视的雄姿。

神兽呈四足按地、昂首挺胸姿，前肢肩后都刻有羽毛丰满的翼，头上雕有独角或双角，人们称之为天禄和麒麟。王侯墓前的神兽，头上无角，一般称之为辟邪，或说是狮子。总之，它们都是传奇和瑞兽。它们双肩生双翼的形貌有人认为颇有西亚、北非古文明中有翼神兽的味道，其实这完全是中国文明的创造。早在战国，已有较成熟的有翼神兽造型，如河北平山战国中山王陵就出土了错金银有翼神兽。到汉代有所发展，并出现在墓前神道石刻的行列之中，而且有了"天禄"、"辟邪"的名称。如河南洛阳出土的一对东汉石刻神兽，昂首挺胸，四肢微曲，四爪按地，颔下长毛垂胸，前肢肩后生翼，长尾后垂接地，气势威猛，刻工相当精细。南朝的神兽造型，正是在汉代石兽的基础上发展改进而成。与汉代同类石刻相比，南朝雕琢技艺明显进步，特别是镂雕技术有了较大提高。南朝石刻的巨大体量，更非汉代石兽可比。总体来说，南朝石刻更加富有气势，巨兽昂首面对苍穹，颇有积聚力量展翅腾飞之感。

南朝陵墓石刻一般由成对的神兽、神道石柱和碑组成，保存较多较好的是大型石刻神兽，其次是神道石柱。

唐宋陵墓石刻

唐朝皇帝的陵墓大都位于国都长安（今陕西西安）附近。在陕西关中盆地北部的乾县、礼县、泾阳、三原、富平和蒲城六县境内，东西绵延100多公里，共有帝陵18座，通常称为"唐十八陵"。它们大多依山为陵，都构筑有宏大的陵园，安置有成组的石刻。石刻主要布置在神道两旁和陵园四门外。其中排列在神道两侧的石刻，数量众多，题材多样，为陵区营造着庄严、威猛的氛围，堪称唐代石雕艺术的瑰宝。

在唐初创阶段，唐陵石刻表现出一往无前的雄浑气势。代表作品"昭陵六骏"，是六幅大型的石刻浮雕作品，摹写的是唐朝第二个皇帝李世民（627—649年在位）的坐骑。六匹战马，形貌写实，或行走，或奔驰；马的装饰和马具也刻画得细致准确，有的身上还

唐乾陵仗马和控马者

刻有箭伤。其中一匹马的前面还雕有一员战将，正在为马拔箭疗伤。这些意态雄杰的战马，将人们的思绪带到了公元6世纪末7世纪初——它们载着主帅李世民，驰骋战场，出生入死，为唐王朝的建立立下了汗马功劳。

　　"昭陵六骏"是为大唐皇帝李世民歌功颂德而作。在这一组纪念碑性质的石雕作品中，英雄本人并没有出场，但是从他所乘战马的雄姿，人们感受到了英雄的存在。这组作品体现着中国艺术强调含蓄和象征手法的特征，令人回味无穷。

　　唐高宗李治和女皇武则天合葬的乾陵前的石刻群，标志着唐陵石刻步入成熟阶段。乾陵陵园的四门各有一对石狮，其中北门还安放有六匹石马。其余的石刻分布在南面的神道两侧，由南向北排列着华表、翼马和驼鸟各一对，仗马和控马者五对，石人十对，石碑两通。除此以外，还安置有域外各国使臣石像61尊。

　　乾陵石刻技法更加成熟，并加强了细部刻划。像"昭陵六骏"那样既形貌写实，又体态灵动、变化自如的造型手法，已不被采用，而代之以端庄严肃的形态。仍以马的造型为例，在端然肃立的

河南巩县宋代皇陵石刻

控马官身边，鞍辔齐备的仗马四肢端直地俯首伫立，驯顺安祥。五对同样姿态的控马官和仗马排列在一起，更显得分外规整严肃。

北宋时，中国中央集权的官僚机构已臻于完备，各种规章和礼仪制度更趋成熟。北宋王朝建立初始，就制定了皇帝陵园、皇后陵园及勋戚大臣坟墓按等级区分的陵墓制度，同时也规定了神道石刻的规制。因此北宋一代的帝陵都是按同样规范营建，神道石刻有着同样的内容和数量，按规定位置陈放，只是随着雕造时间先后不同，细部刻划和装饰纹样有所差异。

北宋帝陵前的神道石雕，有承袭唐陵石雕传统的因素，但又出现了新的组合及新的造型。与唐陵石雕相比，增加了象和驯象人、全装甲胄的武士和宫人，以及独角的神兽，并将仗马的数量增加到两对，而且将每匹马的控马者增为两人，还将番使、羊、虎、瑞禽改为每陵必有的规定内容。石刻数量增加到每陵60件，除陈放在东、西、北三门的门狮外，其余石刻集中排列在神道两侧，石刻面朝内，两两对称，由南向北顺序排列，依次为望柱、象与驯象人、瑞禽、马与控马官、虎、羊、番使、武官、文官、南门狮、武士、上马石、宫人。其中番使为三对，马、虎、羊、武官、文官和宫人各两对。所有石刻造型规范，人像都是谦卑端立的姿态，动物或四足伫立，或蹲或卧，姿态也均恭顺呆板。与唐陵石雕相比，宋陵石雕细部刻划更为精细，人物的衣冠服制、武士的兜鍪铠甲、仗马的辔镫鞍荐，无不如实物形貌雕琢，其上的装饰纹样也都用浅浮雕或线刻法仔细刻划，确是精工细作，显示出独特的时代风格。

与北宋同时的辽（907—1125）和西夏（1038—1227）政权的皇陵，也都在陵园内设置神道石刻，可惜均已残毁无存。通过对宁夏银川西夏王陵的考古发掘，只发现石刻的座址，推测原来每座王陵大约有30件石刻。

明十三陵神道石雕武将

明清陵墓石刻

皇帝陵前设神道石刻的制度，在元朝一度中断，但朱元璋建立明朝后，立即恢复。自1369年朱元璋为其父母在安徽凤阳修建陵墓即明皇陵始，就设立了神道石刻。目前保留下来的明陵石刻，有安徽凤阳明皇陵、江苏盱眙明祖陵、南京明孝陵和北京明十三陵四处。明陵石刻人物和动物造型不注重写实生动而追求程式化，姿态整齐划一、呆板严肃，从一个侧面反映了明朝中央集权统治更加强化的时代特征。

清朝的皇陵沿袭明陵设立神道石刻的传统，只是文武臣的服制改为清朝服制。清朝覆亡后，中国帝制历史终结，但袁世凯（1859—1916）还制造了一出洪宪复辟的闹剧，最终以失败告终。他死后葬于河南安阳市，墓前也安置了一组神道石刻，石人身着当时的军装，体姿矮胖，形貌丑陋，为中国陵墓石刻留下了极不光彩的尾巴。

明孝陵神道石刻

石窟寺和佛教造型艺术

佛教源起于古印度北部与恒河流域，创立者是生活在公元前6世纪中叶的释迦牟尼。大约在东汉时，佛教开始进入中国，经历了魏晋南北朝的发展，在隋唐达到鼎盛。中国佛教石窟的开凿，直接受到印度早期佛教石窟的影响。

石窟寺中的泥塑

中国的石窟寺始凿于公元3世纪，兴盛于5—8世纪，16世纪后绝迹。所谓石窟寺，就是凿建于河畔山崖间，供僧侣和信徒礼拜修行的佛教寺庙。与之同时产生的石窟寺艺术，是融石窟的建筑形式、雕塑和壁画为一体的综合性艺术。

中国的石窟寺分布于新疆、甘肃、陕西、山西、河南、河北、山东、四川及云南等省，因各地自然条件和开凿时代的不同而表现出不同的艺术特征。

新疆拜城克孜尔石窟和甘肃敦煌莫高窟，是西北地区时代最早、规模最大、最富有代表性的两处石窟群。由于地处沙漠戈壁，石雕不易，其主要艺术形式为壁画和彩绘泥塑。

克孜尔石窟位于古西域龟兹境内。克孜尔石窟的洞窟建筑包括供礼拜用的大像窟和中心柱窟，以及供僧人居住的僧房窟。礼拜用窟平面方形或长方形，券顶，前壁开门和明窗，后壁（正壁）塑立佛或坐佛。一些窟有甬道通向后室，后室内凿长台，台上塑涅卧佛。各窟

唐菩萨立像，高163厘米。

敦煌莫高窟329窟壁画和彩塑，初唐作品。

两侧壁及券顶部、甬道两侧及券顶，以及后室大部分壁面均彩绘佛教壁画。

佛教文化由新疆东进，越过中国最大的沙漠塔克拉玛干沙漠，便进入古丝路重镇敦煌。这里有著名的莫高窟，又称千佛洞，是中国石窟寺中泥塑造像和壁画保存最多的一处。现有洞窟编号492个，存世壁画4.5万平方米，彩塑2400余身，堪称佛教艺术的宝库。1900年，莫高窟发现了封闭800多年的"藏经洞"，出土了公元8世纪前后的古写经、文书、佛画等珍贵文物4万多件，轰动了国际学术界。此后，专门的研究工作逐渐展开，并形成了"敦煌学"。

敦煌莫高窟开凿于公元4世纪中叶，兴盛于5—8世纪，12世纪以后逐渐衰落。敦煌石窟中的彩绘泥塑，其早期造像多为一佛二菩萨的三身组合，隋唐以后，出现了一铺七身或九身的群像，身姿各异，服饰雍容华丽。特别是盛唐以后的许多优秀作品，如纤腰柔掌、曲眉秀目的菩萨和刚健勇武的神将，简直就如同具有生命活力

敦煌莫高窟第194窟唐代彩塑，菩萨面相圆润，身材丰腴，宽妆高髻，薄衣轻纱，反映出当时社会的审美特点。

云冈石窟第20窟大佛

的真实人体。这些造像的体态和面貌都呈现出典型的华人特征，寓示着外来佛教已经实现了向中国佛教的转变。

石窟中的雕像

中国的石窟艺术，在不同地区，呈现出不同的特色。如果说西北地区的克孜尔石窟和敦煌石窟代表了中国石窟壁画和泥塑艺术的高峰，中原地区的山西云冈、河南龙门等石窟则以精湛的石雕艺术造就了另一种辉煌。

这些石窟多开凿于北朝，突出的特征是带有强烈的皇室经营色彩，有的窟中雕刻的主佛还被认为是当时皇帝的化身。如云冈著名的"昙曜五窟"主佛就与北魏（386—534）复兴佛法的文成帝（452—465在位）有关，传说文成帝身上有多粒黑斑，昙曜五窟的主佛身上亦有黑斑显现。龙门宾阳洞造像和河南巩县石窟造像更是由北魏孝文帝（471—499在位）和宣武帝（500—515在位）直接主

持开凿，窟内大幅横向展开的"帝后礼佛图"浮雕，形象地再现了孝文帝、宣武帝和后妃们礼佛的隆重场面，气势恢宏热烈，浮雕精美传神。位于北齐邺都（今河北临漳）附近的响堂山石窟，因与北齐开国者高欢关系密切，历史上被传为藏储高氏遗骨的"瘞窟"。开凿于盛唐时的龙门奉先寺大卢舍那佛像，是女皇武则天用自己的私房钱赞助完成的，史载她曾"助脂粉钱二万贯"。此像端庄秀丽，仪容华贵，人称是武则天本人的化身。由于皇室的直接经营，能够保证最大程度地投入财力和物力，并集中使用技艺高超的工匠，因而上述石窟不仅规模宏大，而且有超凡的艺术成就。

云冈"昙曜五窟"最大主佛高达16.7米，主佛到石窟前壁的距离却设计得很短，这迫使膜拜者必须仰视；此窟又是草庐式顶，佛像因此更显高大，人则倍觉自身渺小，自然心生敬畏。主佛双耳垂肩，面庞丰满，鼻梁挺直，披右袒袈裟，衣纹厚重，其形态和雕刻技法还明显保留着异域的风格。

龙门石窟比云冈石窟晚开半个多世纪，造像的面貌有了鲜明的变化，更多地呈现出中国传统特点，主要是佛与菩萨造像更趋端庄柔和，更加世俗化，并穿上了褒衣博带式服装。这种宽袍大袖式的服装原是南朝汉族士大夫的常服，在云冈第二期孝文帝时期的造像中已经出现，到龙门石窟中更为普遍。龙门石窟中北魏以后的造像，身材苗条，加之华丽的衣纹和人情化的表情，尤显清秀俊颖。雕刻方面从云冈的平直刀法过渡到圆刀刀法，艺术风格从云冈的浑厚粗犷嬗变为优雅端庄。这些显著的变化，是由于北魏孝文帝迁都洛阳以后，进一步推行改制政策，吸收南朝文化，使南朝崇尚的"秀骨清像"式风格传入北方，并逐渐成为中原佛教艺术的主流。在中国式佛教石窟艺术形成过程中，龙门石雕具有承前启后的重要作用。

北魏以后，石窟雕刻的另一个发展高峰是北齐石窟，代表作品

河南洛阳龙门奉先寺唐卢舍那佛像，是唐代雕塑艺术的代表作之一。

集中于河北邯郸响堂山和山西太原天龙山。以高欢、高洋家族为首的北齐统治者，在当权的二十几年中，把佛教奉为国教，尊名僧为国师，不但皇帝亲自筑坛礼佛，还让所有后妃和重臣都受菩萨戒，以佛教规则约束自己。他们倾其国力开凿的响堂山和天龙山石窟，堂皇富丽，史载"雕刻骇动人鬼"。这些造像既不似云冈石窟那样气势逼人，又不同于龙门石窟北魏晚期的清癯俊逸，整体风貌又为之一变，呈现出饱满、洗练的特色。在刻法上不但注意比例接近现实，而且细部起伏变化也较自然、柔和，仿佛当时雍荣华贵的贵族男女。连作局部装饰的忍冬、覆莲等植物，也叶瓣宽大，肥硕丰腴，刀法圆润自如，充满成熟的石雕艺术之美。

响堂山石窟还以一种独特的窟前建筑装饰蜚声中外。其窟前凿有带檐柱的前廊，廊上方浮雕仿砖木结构的檐瓦、椽、枋等，再上为一印度大覆钵式佛塔雕刻，塔周饰山花蕉叶，正中立金翅鸟，并有忍冬及火焰宝珠等组成的塔刹，形成所谓"塔庙"式的建筑外观，极为精美华丽。这种做法在国内其他石窟中极为罕见，具有鲜明的时代和地域特征。

需要说明的是，中国石窟除壁画和泥塑均妆彩之外，其他石雕作品，包括所有造像及纹饰图案，不论圆雕或浮雕，原本也是一律妆彩的。只是由于岁月的流逝，大部分石窟雕刻裸露为石质本色，只有少数石雕还明显可见原来的缤纷色彩。

石雕造像和造像碑

与石窟寺艺术并行的佛教石雕艺术品，还有被供奉在寺院或塔内，可以移动的石雕造像和造像碑。它们通常为圆雕或浮雕，石质有青石、汉白玉石和砂岩石。

石雕造像在中国北方和南方均有大量出土。北方以河北曲阳修

山东青州龙兴寺佛造像，北魏作品。　　　　山东青州龙兴寺菩萨石造像，北朝晚期作品。

德寺造像数量最多，时代延续性强，以山东青州北朝石雕造像艺术最为高超精美；南方以四川成都万佛寺造像最为集中和著名。大部分石雕造像都出土于久已废弃的古寺庙遗址和塔基下，发现时叠放整齐，可能是历史上几次发生灭佛事件时，佛教徒偷偷埋藏的。

河北曲阳修德寺造像，发现于20世纪50年代初，总数达2200余躯，包括北魏、东魏（534—550）、北齐、隋、唐、五代历代造像，以东魏、北齐和隋作品为主，多为小型单体圆雕汉白玉石雕像。修德寺大批石造像的产生，一是由于6世纪中叶，河北日益成为北方佛教重地，二是因为当地出产汉白玉石料，为佛教石雕提供了原料保障。修德寺北魏石雕造像的题材主要是弥勒菩萨，像多作双腿相交的交脚式；东魏造像弥勒剧减，观音像激增；北齐造像出现了阿弥陀佛和无量寿佛。这些雕像代表了中国佛教石雕在几个不

南朝齐永明元年（483年）弥勒佛造像碑

同时期的典型风格，如东魏逐渐改北魏的硬直刀法为柔和圆润的刀法，雕出薄裟适体、和蔼可亲的佛与菩萨形象；北齐石雕刀法崇尚利落洗练，使造像更加柔和丰满，衣饰宽松，衣纹疏简而自然，开唐代造像丰腴健康、生动流畅之先河。

20世纪70—90年代，山东青州地区陆续出土了多批雕造精美的北朝佛教石造像，特别是当地唐代名刹龙兴寺故址内发现一处窖藏土坑，一次出土以北朝晚期为主的造像400余身以及大量残碎的肢体和佛头，引起世人瞩目。这批造像按像铭纪年和造型、风格的不同，可大致分为北魏晚期、东魏早期、东魏晚期和北齐几个阶段。其中北魏晚期和东魏早期都是以大型舟样背屏为依托，雕一佛二菩萨三尊像组合，服饰为中原士大夫传统的褒衣博带装。自东魏晚期到北齐造像，开始出现了明显的变化，突出表现在单体造像激增。尤其北齐造像，更是以单体立佛为主，面相圆润丰满，肩胛宽厚而腰身细瘦，整体身圆如柱，并脱去了褒博的宽衣，改穿一种形式简洁的贴体薄衣，衣上几乎不雕衣褶纹，使人体肌肤曲线凸显，确如画史所描绘的"出水"之姿。有的北齐佛像则在平滑的身体上彩绘出表示袈裟的方格大框，框中满绘佛教轮回故事图案，有胡人、饿鬼、天神等等，营造出一种诡异的装饰效果，此即所谓"卢舍那法界人中像"题材。

四川成都万佛寺石造像，最早发现于19世纪80年代，20世纪50年代前后又陆续有几批出土，总数有300余件，其中大部分破损，包括南朝宋、齐、梁和北周（557—581）、隋、唐等历代纪年作品，是南方地区出土石造像最多的一批，为研究中国南方及四川地区早期佛教艺术提供了极好的标本。万佛寺梁代造像组合复杂，一铺像中除本尊、胁侍外，往往还有众多的天王、弟子，甚至下设6至8人的乐伎，反映出独特的地方特色。如一件公元547年造像，主像观

世音菩萨戴花蔓冠，天衣轻薄贴体，居中亭亭玉立；脚边两侧分别各蹲一狮，昂首张口，形态生动；观音的两位胁侍菩萨分别立于狮身之上；外侧两旁又有二象，象上也各立一护法天王；整铺像前下边，又雕出一排8个手执不同乐器的吹奏乐伎。此造像人物虽多却主次分明，所站位置前后错落，参差有序，丝毫无繁乱之感。

佛教造像碑多发现于北方河南、陕西、山西等地，借用中国传统石碑的形式，分长方扁体形和四面柱形两类。其前后和两侧面均可开龛造像，造像题材和造型风格一般近似于同时期的石窟寺雕像。虽因碑石体积限制，造像形体不大，但雕琢得更加精细。碑上还常铭刻造像缘由和造像者姓名、籍贯、身份等，有时还线刻供养人像。

石窟寺艺术的消亡

公元13世纪，印度遭受阿拉伯人大举入侵，使得佛教文明几近在印度本土消亡。这样，中国历史上西来的佛教文化失去了源头。及至元代和明代中前期，中国虽然还有进一步雕造摩崖石刻和石窟寺佛教造像的零星记录，但随着中国政治与经济重心的东移，连接故都长安与西亚的丝绸古道为东南迅猛发展的海路航运所取代，加之清代藏传佛教几成国教，藏系寺庙和金铜造像在中原地区得到蓬勃发展，石窟寺和一度辉煌繁盛的石窟艺术，终于完全退出了历史舞台。

绘　画

从新石器时代彩陶文化中的绘画遗存算起，中国绘画迄今已经有几千年的发展历程。其中成就最大、对中国文化艺术影响最深远的是中国画。中国画简称"国画"，它是用毛笔、墨和中国画颜料在特制的宣纸或绢上作画，按题材可分为人物画、山水画和花鸟画，按技法可分为写意画和工笔画。在"国画"成熟以前，中国绘画还有岩画、帛画、壁画等形式。

绘画艺术的萌芽

中国史前时期的彩陶图像，已经透露出原始绘画艺术的信息，其中河南临汝县阎村出土的仰韶文化陶缸上彩绘的"鹳鱼石斧图"，已可被视为一幅史前绘画作品。商和西周时期的图绘遗迹，目前所知资料甚少。在河南安阳殷墟的发掘中，曾发现过商代晚期建筑的白灰残块上，嵌有红色的花纹和黑色的圆点，组成对称的图案，表明当时建筑物上已有彩绘壁画。

到春秋战国时期，绘画发展达到新的高度，其代表作品是湖南长沙战国楚墓中出土的两幅帛画。这是目前中国已知时代最早的真正意义上的绘画。

两幅帛画的画面部均呈竖长方形，都以侧身面向左立的人物为主要摹写对象。其中一幅绘高冠佩剑的男子，双手执辔，御龙而行。男子头上绘有华盖，足下所踏长龙昂首翘尾，形似舟船，龙尾立一苍鹭，龙身下有云朵承托，并有一条向前游动的鲤鱼。华盖下的流苏，以及男子颔下的系带都向后飘拂，同时人体微向后仰，长辔紧紧绷直，整体呈现出向前疾进的态势，颇显生动。

另一幅帛画摹写的是一位长裙曳地的女子，发髻梳结在脑后，拱手胸前，细腰阔袖，衣裙上绘出模拟丝织品的华美纹饰。女像面部勾画清晰，细眉明目，直视前方，姿态虔诚。女像头上是一只迈步前奔的巨大凤鸟，昂首展翅，华尾向上卷扬。在女像前绘有向上浮游的龙，身躯呈"S"状扭摆，伸首升向天空。这两幅帛画，都寓有由龙凤等神物导引死者灵魂升仙之意，故与葬仪有关。

楚墓帛画已经表现出中国传统绘画的一些重要特征：第一，以线条为

战国人物御龙帛画，长沙子弹库一号墓出土。

造型基础；第二，在墨线勾勒的轮廓中，敷涂色彩，施色除平涂以外，渲染技法已开始出现；第三，绘画重气韵生动，帛画对人物、龙凤、禽鱼的描绘相当生动传神。这些都表明，到战国时期，中国绘画艺术正处于从萌发走向成熟的关键阶段。

汉晋绘画

中国民间传颂的古代四大美女之一的王昭君，据说因为没有贿赂宫廷画师毛延寿，所以被画成丑女，终被选定出塞与匈奴和亲。王昭君和亲匈奴，取得汉匈间半个世纪和平的历史功绩，史家早有定论。但这则传说是否符合历史真实，历代一直存有争议。不过它从一个侧面反映出，汉代的人物肖像画已达到颇高的水平。传说中

的画师毛延寿，据画史记载实有其人，而且造诣颇深，"画人老少美恶皆得其真"。

汉代绘画中更值得提及的是汉画像石。汉画像石是一种独特的墓室墙壁装饰艺术，可以称之为"石刻的壁画"。它出现于西汉晚期，以后渐入创作高潮，一直持续整个东汉时期。这是由于当时王公贵族的家族势力日趋膨胀，出现了崇尚奢华厚葬的风气，只以笔墨绘彩画于墓中已不能满足他们的愿望，因此出现了将雕刻引入绘画的表现手法。这种表现手法更为细致讲究，作品也更宜长久保留。

汉画像石的制作，是先由画工在打制好的石材（一般以扁平石材为多）平面上绘出线勾的图画底稿，然后由石工按画稿加以雕镂刻划，石工刻好后，再由画工施加彩绘。所以汉画像石表现的整体艺术效果与其说是石刻，不如说更接近于绘画。

汉画像石表现的内容多围绕墓主人的日常起居、社会活动以及为其服务的生产活动展开，此外还有表现原始崇拜和神灵崇拜的题材。这些石刻画像如同壁画般被装嵌在墓室壁上，生动地再现了死者生前显赫的地位、奢华的生活和对仙人鬼神的崇拜，表达了他们

汉画像石（拓本），江苏徐州铜山汉墓出土。

东晋·顾恺之《洛神赋图》（宋人摹本），北京故宫博物院藏。

希望死后继续享受奢华生活和升天成仙的愿望。

汉画像石的人物造型，绝大多数为侧面姿态，只有极少的人像是正面姿式，因此拓出的拓片常呈剪影状。其构图一般采取底线平视法，将表现的图像完全按视觉中的水平序列，不分纵深远近地横向排列在一道以底边为准的长条画面上。同时，常把整个石面分成上下若干栏，每栏的图像各成单元，主题各异，有的一石上下排列多达七栏。

东汉末年军阀割据，形成三国鼎立局面，其后迎来了短暂的西晋的统一，随后是更大的动荡，在江南出现了东晋政权。由于动乱和长途迁徙，为突破汉晋文化旧有的藩篱提供了条件，中原文化与江南地区原有的孙吴文化的汇合，又为其注入了新的养分。这种文化领域的变化为艺术的创新提供了有利的土壤，因此东晋绘画呈现出一派繁荣景象，涌现出戴逵（348—409）、顾恺之（326—369）等著名画家。

顾恺之对后世绘画的影响尤为深远。他的画作之所以受人崇敬，正在于创新，能够突破汉魏画像的陈旧模式。所以当时谢安（320—385）就称赞他的画是"自生人以来未有也"。顾恺之绘画最突出的特点，是他作画时不仅仅着力于"应物象形"，而且力图

达到"气韵生动"的意境。唐人张彦远《历代名画记》中论及顾画时，称他"意存笔先，画尽意在，所以全神气也"。顾画摹本流传至今的有《女史箴图》、《洛神赋图》、《列女仁智图》。后两种为宋摹本，较为失真，前一种所摹近于原貌。

隋唐画风

隋朝统一全国后，各地画师汇集到当时的文化中心都城大兴城（今陕西西安），从而打破了南北分立、东西阻隔的藩篱，不同流派和风格的画家得以相互接触，交流技艺，取长补短，乃至相互融合。

唐朝初期，绘画艺术在隋朝的基础上更趋繁荣。都城长安画坛存在着中原风格和西域风格两大流派。中原风格的代表画家是阎立本（601—673）。北京故宫博物院所藏《步辇图》，有人认为是他的作品，题材是唐太宗李世民接见吐蕃使者。从作品中可以看出，作者在描绘人物时笔法细密，线条多变，并通过具特征性的细部描

唐·阎立本《步辇图》，北京故宫博物院藏。

唐·张萱《虢国夫人游春图》（宋人摹本），辽宁省博物馆藏。

绘，表现出人物个性与精神状态，可说是"气韵生动"。作品仍保留有南北朝时期将主要人物形体放大，而将随侍者形体缩小的手法，且图中人像体形过于修长，有些不合比例。

西域风格画家的代表，是隋朝闻名的画家尉迟跋质那之子尉迟乙僧，又称小尉迟。西域风格与中原风格在技法方面不同之处，主要在于用笔及用色。尉迟乙僧作品用笔线条紧劲，用色上采取凸凹画法，善于以色彩深浅浓淡渲涂出立体感。可惜他的画作没有流传后世。

隋至初唐绘画的发展演变，为迎接其后唐代绘画艺术的跃升奠定了雄厚的基础。随着唐王朝社会经济的全面发展，文学艺术到盛唐时达到新的高峰，绘画领域以被尊为"画圣"的吴道子（680—759）为杰出代表。吴道子是一位富有创作激情的画家，具有非凡

的写实和默记能力，下笔准确，线条遒劲，形态灵动，绘出的仙人"天衣飞扬，满壁风动"，故后人常以"吴带当风"来说明他绘画的特色。吴道子还放弃了传统的"秾艳设色"的做法，甚至绘不著颜色的"白画"。

吴道子以后，唐代的人物肖像画除传统的描绘帝王将相和宗教人物外，画家以更多的篇幅去描绘日趋奢靡享乐的宫廷贵族生活情景，特别是以唐贵妃杨玉环为代表的体态肥腴丰满的妇人形貌。当时涌现出以善画妇女闻名的张萱、周昉等名家，其作品摹本流传至今的有张萱的《捣练图》和《虢国夫人游春图》，周昉的《挥扇仕女图》、《调琴啜茗图》等。

壁画在唐代绘画创作中占有极为重要的地位。包括吴道子在内的一大批画家，其主要创作活动就是在宫殿寺观中绘制壁画。据说在长安、洛阳两京的宫观中，仅吴道子绘制的壁画就多达300多处。

敦煌莫高窟唐代壁画

但唐代的宫殿寺观早已圮毁无存，幸而当时绘制于地下墓室中的壁画有的还得以保存。虽然它们不是出自名家手笔，但都技艺娴熟，特别是都城长安附近皇室陵墓中的壁画，应是当时著名匠师所绘。它们反映了当时的社会风尚和流行画风，成为今人了解唐代壁画的珍贵资料。

唐墓壁画中艺术水平最高的是一批皇子、公主墓的壁画。这些壁画描绘的重点有二：一是表示死者身分的仪仗等，一是表现宫内生活的男仆女侍。前一类场面盛大，气势恢宏，后一类生活色彩浓郁，人物形貌生动细腻，不论是单身像还是群像，都称得上是唐代肖像画中的精品。

两宋画院

两宋时期，朝廷设置了翰林图画院，延揽画家，形成为皇室贵族服务的绘画创作中心。各地知名画家汇聚于画院，享受官俸，有较为安定的创作环境，便于互相交流切磋，又有机会观摩、学习宫廷藏画，有利于画艺的提高。两宋绘画艺术的繁荣，画院起了很大作用。

北宋画院的发展，到宋徽宗赵佶（1101—

宋·赵佶《芙蓉锦鸡图》，北京故宫博物院藏。

1125在位）时达到高峰。宋徽宗在政治方面昏庸无能，信用奸佞，导致北宋王朝的覆亡，但在书画艺术方面，他却具有相当才能，可以称为一位书画家或艺术鉴赏家。赵佶出于个人爱好，对画院相当重视，这时的画院人才荟萃，著名画家有马贲、张择端（1085—1145）、富燮、王希孟（1096—? ）、刘宗古、苏汉臣、朱锐等，可算是中国绘画史上宫廷绘画空前兴盛的时期。赵佶本人也善书画，在书法方面创造了具有独特风格的"瘦金体"，绘画方面能画花鸟、人物、山水，笔法细腻，设色匀净，注重造型准确，传神生动，又追求构图和意境。传世的作品有花鸟画《芙蓉锦鸡图》、《瑞鹤图》等多幅，还有以山水、人物为题材的绘画，其中《听琴图》最引人注意。

宋代大量涌现描绘世俗生活的风俗画，在题材选择方面，突破了前人巢臼。这些风俗画从不同角度表现了城乡平民生活的情景，

宋·张择端《清明上河图》（局部），北京故宫博物院藏。

从耕种纺织、货郎叫卖、儿童嬉戏，到车船运输、村医针灸、戏剧演出等等，都生动地呈现在画面之中。还有些风俗画是将人物绘在山水建筑的场景之中，构成全景长卷式的画面，最著名的作品是张择端的《清明上河图》，描绘出宋都汴梁（今河南开封）的繁荣景象。画卷由郊野开始，展现出汴河上的桥梁和繁忙的漕运船舶，继而绘出城门、街道以及茶坊、酒楼、药店、寺观等建筑，更具体地刻画了城中形形色色的人物，多达五百余个，是写实性很强的佳作，富有浓郁的时代气息和生活气息。

山水画在两宋画坛占有重要位置，构图和技法都有新发展。北宋之初，山水画主要以全景式的山水构图为主，主要画家有李成（919—967）和范宽。他们的作品都立足于忠实自然的基础之上，以水墨为主，又各有特色，李成绘景多为寒林平远、气象萧疏，范宽则崇尚山川雄壮浑厚之美。

宋·夏珪《溪山清远图》，台北故宫博物院藏。

　　南宋（1127—1279）的山水画家中，最著名的有李唐（1066—1150）、刘松年（1155—1218）、马远（1140—1225）、夏珪等四位，号称南宋四家。其中对后世影响最大的是马远和夏珪，他们摒弃了全景式的构图，而是大胆剪裁，仅将山川的一角或一侧绘出，留出大幅空白，更衬出山川之秀美多姿，也给观者留以无限想象的空间，人称"马一角"、"夏半边"。这种由画家对山水景色主观选取剪裁的画风，更好地表现了画家的主观情感，画面美而富有诗意，将山水画创作推向了新的高峰。

元明清文人画

　　中国古代画风，到元代为之一变，主要在于"文人画"的勃兴。两宋时盛行的画院制度，元代已遭废弃。虽然还有一些画家为宫廷服务，但是无力形成能够左右画坛走向的主流。两宋画院推崇的刻意求工，追求富丽奢靡的作风，随之不再流行。至于在中国古代绘画题材中占据主要地位的人物画，此时也已衰落。而宋代以苏轼（1037—1101）、米芾（1051—1107）为代表的新萌发的文人绘画，用笔简练而追求形式趣味，在元代受到重视，特别引起那些隐居不仕的文人画家的共鸣，而这些画家正是构成元代画坛的主流。他们以绘画作为宣泄自我情绪的手段，创作时并不求形似，而重神韵，画面自然简洁，但意兴情趣浓厚。他们多选材山水，借景抒情，又常以枯木瘦石为题材，花卉常选梅兰竹菊，多为墨绘或施淡色。

元代文人画既然是画家借客观景物抒发思想、情感的媒介，画面展现的往往是画家的心境追求。但有时画家会感到画意仍不足以充分宣泄自我情绪，还需借助其他文艺形式的结合。由于这些文人画家都有很高的文学修养，且多长于书法，当画面无以尽情时，往往在其上题诗进一步抒发画图未尽之意，诗画相融，加以精深的书法，又呈书画合璧之美。除题诗遣情外，他们也常在画面上题写作

元·黄公望《富春山居图》（局部），台北故宫博物院藏。

焦墨英州石蕉养凤屋材笔尖敲七二深夏牡丹阑天池中漱渍之笔画之浮白者五雄莫牡敢竹枝一阑教名其友牡丹云莱阑观兄芸蕉云禅主逸擅公先震尖一小儿湿绦抵搔春风面云孜是云十红平右阂杜宴五吾居遂纪小儿渭若

明·徐渭《牡丹蕉石图》

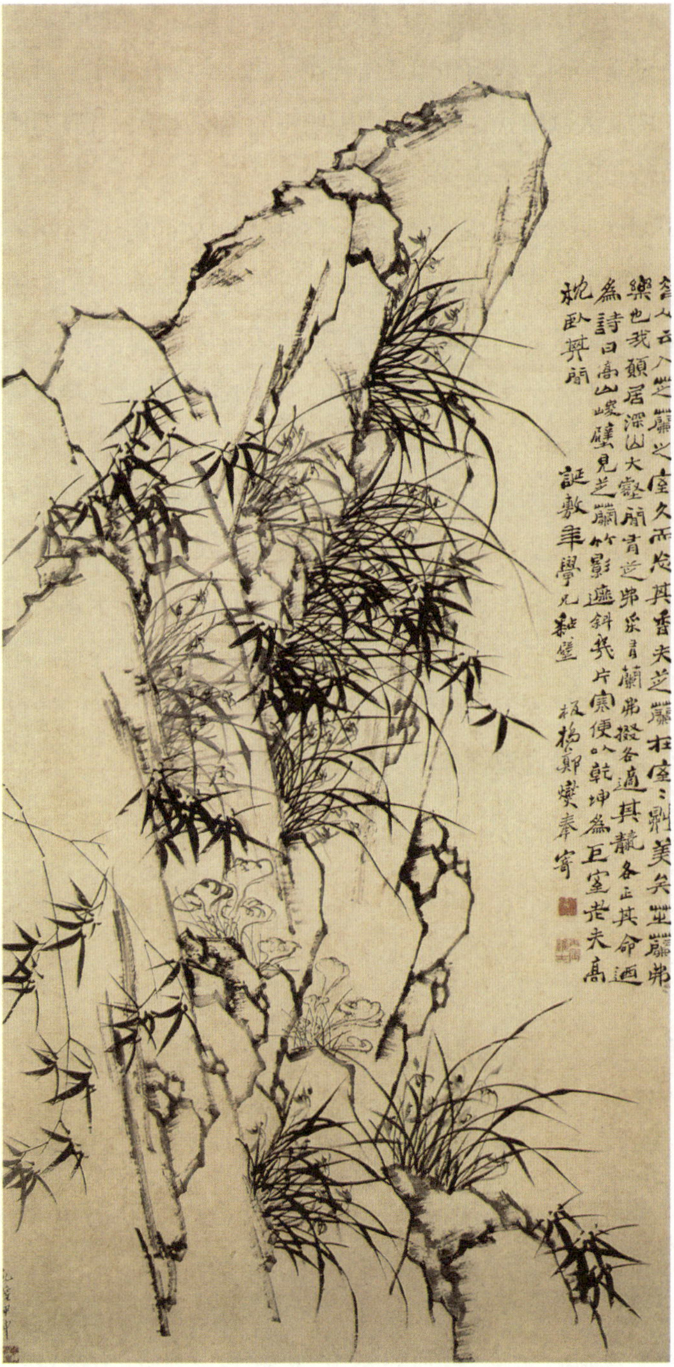

竹人云入芝兰之室久而忘其香夫芝兰挂室乃剥美矣坐蓬蒿
乐也我顾居深山大壑间青旁郭笑日兰弟掞落遍其藐各正其命酒
为诗日春山峻巇见芝兰竹影逶迤我片宵便入乾坤为巨室老夫高
枕卧其间
証教举学兄教堂

板桥郑燮奉寄

【吴门画派】

明朝时，江南苏州一带汇聚画家150余人，占明代画家总数的1/5。他们形成一个强大的画派，由于苏州史称"吴门"，遂称"吴门画派"。吴门画派重视继承前人的笔墨传统，关注作品中的气韵神采，对后世有很大影响。

【四画僧】

朱耷、石涛、髡残、弘仁号称清初"四画僧"。四人都是明朝遗民，皆因时代剧变而遁入空门。他们的画作佛道思想浓厚，画风都倾向于清净淡泊。清初正统画派呆板之风日益泛滥，"四画僧"为沉寂已久的画坛引入了一股清流。

【扬州八怪】

扬州八怪是清代中期活跃于江南扬州地区一批风格相近的书画家的总称。一般认为，八人为金农、黄慎、郑燮、李鱓、李方膺、汪士慎、高翔和罗聘。因为他们在作画时不守墨矩，离经叛道，再加上大都个性孤傲清高，行为狂放，所以被称为"扬州八怪"。

画的缘由，或加即兴的题跋，并配以雕琢精美的印章。于是绘画、题款和印章结合在一起，共同开创了一种新的文人画模式，改变了中国绘画的传统风貌，并且对明清绘画产生了极其深远的影响。

明代以沈周（1427—1509）、文征明（1470—1559）、唐寅（1470—1523）、仇英（1509—1551）为代表的"吴门画派"，清代以石涛（1630—1724）、朱耷（1626—1705）为代表的"四画僧"以及以郑板桥（1693—1765）为代表的"扬州八怪"等，都是承继了宋元文人画体系的画家流派。这些画家大多受到过良好的古典经史教育，具有较高的文化艺术体验，因此强调自我意识和个人品格的修养完善。他们的画作大多诗、书、画三艺并重，更处处表现自己强烈的艺术个性，不为规矩所羁绊。因此，在明清时期，山水、人物、花鸟等传统绘画题材都生发出全新的艺术魅力。

家 具

中国古代的起居方式，可以按时代的先后概括为席地坐和垂足坐两大时期，中国古代家具的形制、功能和陈设方式，便主要与这两种起居方式相适应，并随其变化而发展。

席地起居时代的家具

汉代以前，中原地区始终保持着席地起居的习俗。室内铺筵（一种垫于室内地面最底层的席），其上面再铺席，正确的坐姿是跪坐，蹲坐箕踞皆属不恭。席地起居时代的家具，按用途大致可分为四类：坐卧的家具，包括席、床以及独坐的榻；放置器物的家具，包括案和几；屏蔽的家具，包括屏风和帐；储藏物品的家具，包括箱、奁、箧等。

与席地起居相适应，这些家具都很低矮，如河南郸城发现的王君石坐榻，全高仅19厘米，长沙马王堆汉墓出土的斫木胎漆案，案高仅5厘米。

高足家具的传入与发展

魏晋南北朝时期，由于战乱，许多中原大族举族南迁，而一些原居西北、东北的游牧民族进入中原大地。在民族交流、融合的背景下，中原地区的传统礼俗已难原封不动地维系。比如坐姿，被中原人视为极不合礼法的蹲坐箕踞、垂足高坐，游牧民族则认为十分正常，并无失礼之处。因此，在这一时期，供垂足高坐的椅凳等坐具开始较多地传入中原。

黄花梨木矮靠扶手椅，17世纪

黄花梨木折叠式头案，16世纪晚期

首先是东晋十六国时期，当时的雕塑和绘画作品中开始出现供垂足高坐家具的图像。较早的作品多与佛教艺术有关，集中发现于佛教石窟寺内。在这类家具中，最常见的是一种束腰圆凳。在新疆克孜尔石窟的一些本生故事壁画中，经常可以看到这种以植物枝条编成的束腰圆凳，有的圆凳外面还包束有纺织品。云冈石窟中也有束腰圆凳的浮雕图像。

束腰圆凳外，敦煌壁画中还出现了方凳图像。如第257窟《沙门守戒自杀缘品》故事画中，有两种方凳，一种是约与人的小腿高度相近的四足方凳，另一种是形如立方体的方墩。第285窟的西魏（535—556）壁画中，还出现了椅子的图像：一禅修者盘腿端坐于一张椅子上，绘出的椅子形体清晰，四足，后有高靠背，两侧设扶手。

除佛教艺术外，在描绘世俗生活的墓室画像中也发现有高足坐具的图像。如山东青州北齐石椁线雕画中，有一幅墓主垂足坐在束腰圆凳上的图像。至于东汉末已传入的交足折叠凳——胡床（类似今天俗称的"马扎"），这时使用更加普遍，甚至妇女也可以用。河北邺城东魏武定五年（547年）墓出土了携带胡床的女侍俑，而墓主人就是一位女性。

进入隋唐时期，新式的垂足高坐家具发展势头更猛。与前一时

期相比，南北朝时的家具图像多出自佛教美术品，特别是石窟寺的绘画和雕塑，而隋唐时的家具图像，很多都来自世俗美术品，不仅包括墓室壁画和随葬俑群，还有描述世俗生活的传世绘画，尤其是描绘宫廷生活的画卷。这表明，新式的高足家具已经普遍流行于宫廷和民间，深入人们的日常生活中。

唐章怀太子李贤墓的壁画和传为周昉绘《挥扇侍女图》等，反映的是宫廷生活，绘出的家具有方凳、扶手矮圈椅等。陕西发现的唐天宝十五年（756年）高元墓，墓室正壁绘有墓主人坐在椅子上的图像。高元的官阶为明威将军，从四品。由此可推知，当时较高级的官员家中也已使用这种新式高足家具。在普通百姓家中，新式家具亦有广泛应用。陕西长安县南里王村韦氏家族墓，墓室壁画绘有一六曲屏风，屏面绘有坐在方凳上的妇女。同墓壁画还有坐在长凳上的人们围着长桌宴饮的画面。西安一带唐墓出土的陶俑和三彩俑中，有坐在束腰圆凳上照镜的侍女，还有垂足坐在凳上的说唱艺人。

唐以后，新式高足家具不但品种增多，而且不同家具的功能区别日趋明显，逐渐形成较为完备的组合。五代墓室壁画中，如河北曲阳王处直墓壁画，可以看到桌、凳、大床、屏风等家具。传世的五代绘画作品中，如传周文矩绘《重屏会棋画》和传顾闳中绘《韩熙载夜宴图》，也都绘有椅、桌、凳、坐榻、大床和各式屏风等。到宋元时期，一些常用的高足家具，如桌、椅以及屏风、衣架等的结构和形制已经相当程式化，其陈设方式和格局也变得相对固定。从已出土的大量宋元墓室壁画和砖雕画来看，墓室正壁墙面常居中绘（雕）一高桌，桌上满置盛有食物的器皿，男女墓主人对坐于高桌两侧的高椅上，两椅后还常置两屏风。

高足家具的成熟，为中国家具黄金时代——明式家具的到来奠定了基础。

黄花梨木圈椅，16世纪晚期

经典之作：明式家具

公元15—17世纪，约当明代中期至清代前期，中国传统家具的制作进入了一个黄金时期。大量优秀制品已远远超出了原有的实用功能，成为精美的艺术品。人们将这一历史时期内生产的家具统称为"明式家具"。

明式家具的出现主要得益于以下几个原因：首先是城镇的繁荣、商品经济的发展改变了社会习尚，普遍兴起了讲求家具陈设的风气；其次是海外交通的发达，东南亚地区花梨、紫檀、红木等优质木材得以输入中国，为制作精美的硬木家具提供了原材料；此外，平木工具，特别是刨类的发明和使用，极大地提高了细木加工的精度。事实上，平木工具在明代的巨大变革，与明式家具生产的高潮几乎是同步出现的。

明式家具的种类，按用途分主要有坐卧、置物、屏障、储藏等项。但因生活习俗的改变，坐和卧已完全分化为两类家具，而屏障

类家具的重要性大大降低，已无法与其他各类并列。因此，可以重新分为椅凳、桌案、床榻、柜架和其他五类。

选料精良，是明式家具的第一特征。从流传至今的大量优秀明式家具看，几乎全部采用黄花梨、紫檀、瀱鶒木、铁力和榉木等优质硬木制成。其中黄花梨为首选木料，它的色泽沉稳淡雅，纹理或隐或现，具有一种天然的华贵美，深受时人喜爱。20世纪80年代，中国内地与香港合作出版的《明式家具珍赏》一书中，收录家具作品160件，其中黄花梨木制品就超过100件。紫檀在中国历来被认为是名贵木材，它在各种硬木中质地最坚，也最重，色呈紫黑色，有的更黑重似漆，几乎不见纹理，显示着深沉静穆的古典美。瀱鶒木肌理致密，行家认为它的纵切面纹理尤其细腻，具有禽鸟颈翅羽毛一般灿烂闪烁的光彩。铁力木和榉木则是产量较多、价格较低廉的硬木类木材，亦有较好的硬度和纹理，同样受到家具匠师的欢迎。

造型简洁柔婉，是明式家具的第二特征。由于明宗室及贵胄多出身于军功贵族，本不喜欢繁缛，文人阶层的审美追求亦多主简约、雅致，因此明式家具整体风格表现为结构简练，线条明快流畅，具有一种素雅之美。同时，生产工具的改进，使得明式家具每个细节的结构都精致而合理。正是这种简洁素雅的风格，成为明式家具经久不衰的魅力所在。

榫卯精密，宛若天成，是明式家具的第三特征。源于中国古代木结构建筑的榫卯结构，被运用到明式家具中，并达到了灵巧自如的境界。明式家具构件之间，完全不用金属钉子，胶的黏合也只是一种辅助手段，所有组合联接全凭榫卯。上下左右、粗细斜直，连接合理，应用得当，其工艺之精确，扣合之严密，间不容发，给人以天衣无缝之感。

明清住宅室内配置

在明清住宅中，厅堂、卧室、书房等都有相应的常用家具配置，并形成了相对固定的模式。特别到清代以后，室内家具布置大都采用成组成套的对称方式，以临窗迎门的桌案和前后檐炕为布局的中心，配以成组的几、椅，或一几二椅，或二几四椅，柜、橱、书架等也多是对称摆列。为使室内气氛不显呆板，各式家具之间又以书画、挂屏、文玩、器皿类陈设品相配合，增加室内装饰效果。

在典型的居室正厅（亦称堂屋）陈设中，迎面悬挂大幅绘画，称中堂。中堂两侧是对联，为一组字数相同、文意相关的韵文。其

黄花梨木五屏风式镜台，16世纪晚期

下是大型条案，用以陈设成组的艺术瓷器。条案前正中通常摆放一张大方桌，又称"八仙桌"，取两两相对，可供道教传说中坐地成仙的八位神仙聚会之意。桌两旁置大靠背椅，也称"太师椅"。在旁边靠墙或暖阁，通常还安放一对方形或圆形高几，以摆放时令花卉或工艺摆件。

客厅的位置在堂屋一侧，多为半开放式的暖阁，与堂屋的分界一般采用贯通屋顶和地面的雕花木制象征性栏墙。客厅陈设多宝格、方或圆形桌、椅、高凳（绣墩），用以款待尊贵和亲近的熟客。

书房有在堂屋一侧的，也有作专门的一组建筑的。陈设的家具主要由书柜、古玩器架、桌、椅、条案、脚踏等组成。

由于气候关系，古代北方人习惯睡炕（一种用砖石垒砌，其中有取暖用烟道的床），南方多为木床。简单的木床四角有挂帐子的木框，复杂的则类似一个可以移动的小房间。由于受儒家"体肤毛发受之父母"观念的长期影响，中国男人自古蓄发，所以寝室内除大型衣橱箱笼、茶几椅凳外，皆有梳妆台一类木器家具。

明清家具的成熟与发展，是和明朝以来社会经济的繁荣相一致的。社会财富的迅速积累，使得人们更趋于追求一种舒适和安逸的起居环境；同时，经济和文化的繁荣，又促进了人与人之间的社会交往，这种最具陈设性和实用性的厅堂家具，也就顺理成章地飞速崛起，并成为与中国封建社会后期宗法传统相应的家居文化的重要组成部分。清中期以后，社会末世的浮华导致室内陈设趋于拥堵，家具的造型和装饰日渐复杂繁缛，最终失去了明式家具简洁质朴的特色。

工艺品

金银器

唐镂空银香囊

　　1987年，一个风雨交加的夜晚，陕西西安的一座唐代古塔因不堪暴风雨的骤然袭击而倒塌。在清理塔基废墟时，人们发现并打开了唐咸通十五年（874年）封闭的地宫。地宫内的情景令人震惊，在前、中、后三个小室中，放满了唐王朝几代皇帝供奉给佛的珍宝器用共约400件，其中最大宗的就是金银器皿，共121件（组）。这些金银器的形制和装饰极尽精巧华美，如唐懿宗（859—872在位）供奉的一套用于保存佛骨舍利的宝函，内外共计八重，全部以金银材质制成或以金银装饰。八重容器，层层环套，最内层的金塔更以纯金制成，玲珑剔透，金光熠熠，神奇的佛骨舍利就藏于塔内。

　　法门寺塔唐代地宫轰动性的考古新发现，集中向人们展示了中国古代金银器制作工艺的高度发达。

　　早在商周时期的遗存中，人们就已经发现金银制品的踪迹，但仅是少量的耳环、臂钏等装饰品。至于稍大的容器，则迟至战国时期才出现。湖北随县战国曾侯乙墓出土了一件带盖金盏，盏内还附有一件别致的金漏心匕，制工精美。此墓还出土有金杯和器盖等黄金制品。当时这类黄金制品并不多见，较普遍的是以黄金装饰青铜器，或表面鎏金，或用金丝嵌错器体构成华美的错金图案。当然，更多的黄金还是被当作货币使用。直到汉代，上述情况仍没有什么改变，金银器皿仍是稀有的物品。

　　大约到南北朝时期，金银器皿日渐受到王公贵族的重视。从目前的考古发现来看，当时的金银器大多是从域外如波斯等地输入的，主要有造型奇特的胡瓶、盘、杯、碗等容器，以及项链、戒指等装饰品。这种情况一直持续到隋或唐初。例如陕西西安隋大业四年（608年）李静训墓中，出土的金杯、项链、手链和银杯等物，可能原产于今巴基斯坦或阿富汗地区；金手镯嵌饰青绿玻璃珠饰，可能是北印度的产品。李静训是隋文帝（581—604在位）的长女杨丽华（原北周宣帝皇后）的外孙女，死时年仅9岁。她的墓中随葬如此众多精美的金银饰品，表明域外金银工艺品在当时宫廷中极为流行。

　　为了满足宫廷贵族对金银器的需求，隋至初唐时期，开始大量制作金银器。当时主要借鉴域外金银器的制作工艺和装饰手法，因此常常呈现出明显的中亚或西域风格。但其中也加入了中国元素，

战国金盏、金匕，湖北随县曾侯乙墓出土。

【萨珊王朝】

萨珊王朝是古代波斯最后一个王朝，统治时间为226—651年。萨珊王朝建立后，长期与罗马和拜占庭帝国作战，疆域常有变化，极盛时期其统治范围西抵幼发拉底河，南临波斯湾，北达高加索、亚美尼亚、中亚阿姆河，东至帕米尔高原。萨珊王朝与古代中国往来一直较为频繁，其政权倾覆后，王子俾路斯逃亡至中国，在唐朝做官。

如陕西西安何家村窖藏出土的八棱鎏金银杯，器型是波斯萨珊式样，但器身浮雕的乐工和舞伎、部分人像及其衣饰都具有中国风韵。另一些萨珊式样的刻花高足银杯，装饰图像是中国式样的狩猎纹。

隋唐时，高度繁荣的社会经济、王公勋贵竞相奢靡的社会风气，以及丝路畅通带来的大量域外贸易，促使工艺美术创作呈现出一派繁荣景象，金银器的制作也随之获得了前所未有的长足发展。

唐代宫廷对金银器皿的需求数量惊人。诗人王建在《宫词》中写道，"一样金盘五千面，红酥点出牡丹花"，虽不乏夸张，但也反映了唐宫廷大量使用金银器的事实。唐代金银器的制作中心在都城长安，这里设有官办的"金银作坊院"，是专门为宫廷打造金银器的手工业作坊。到唐宣宗大中年间（847—858），又成立了专给皇室打造金银器物的"文思院"，可能是因为"金银作坊院"的产品已难以满足皇室的需求。此外，晚唐时长江下游的一些地区，金银器皿的制作也达到相当高的水平，足可与都城的产品媲美。至于唐代金银细工的工艺技巧，已颇为复杂精细，使用了钣金、浇铸、焊接、切削、抛光、铆镀、锤打、刻凿等技术。为取得最佳效果，多数产品在制作过程中都综合运用几项不同的工艺技术。

在域外金银器工艺的启示下，中国工匠逐渐创制出具有中国风格的精美作品。从目前已发现的唐代金银器来看，唐代金银器在艺术造型方面颇具特色，一般的盘、杯、盒、壶等器皿，都很注意外形轮廓的变化。例如大型金花银盘，盘口的外轮廓都呈菱花形或葵花形，线条弧曲流畅，规律匀称而有变化，给人以丰润华美之感。造型最为精巧的是薰球——香囊，在上下两半球上透雕精美纹饰，以便香气向外散发；内部设有两个同心圆机环，机环有轴以承托香盂，无论球体怎样转动，香盂都仍旧保持平衡，这充分显示了唐代金银匠师的高超技艺。一些造型特殊的作品，如鎏金舞马衔杯仿皮囊银壶、鎏金银质龟负酒筹筒等，形象生动，富丽华美，体现了匠师丰富的想像力。

除了注重造型轮廓以外，唐代金银器更配以精致的装饰纹样，同时还利用贵金属本身的光泽，在银器上将纹饰鎏金，制成精美的金花银器。特别是大型金花银盘，通常在盘心设计主要纹饰，多为芝鹿（鹿与灵芝）、狮子、凤鸟或摩羯（鱼龙）；然后在菱花或葵花形盘缘，饰布局匀称的花卉图案，早期的花卉纹疏落有致，到中

鎏金银茶笼子，法门寺唐地宫出土，为盛装茶饼的茶具。

清藏文金塔，藏传佛教密宗礼佛专用佛塔。塔顶呈日月形，其下法轮12层，均刻有藏文。

唐以后花卉图像变得丰满且分布密集；还有的在盘心的主纹周围再加饰一周花卉图案，由内外两重增至三重纹饰，更显富丽堂皇。

唐朝经济的高度发达，使得金银器成为当时重要的工艺制品之一。西安何家村唐代金银器窖藏的发现，就说明了金银制品在唐代士绅商贾中的大量流行。唐亡后，唐代金银器的影响一直延续，尤其在明清的皇室和贵族墓葬中，金银器的出土数量依然众多，仅北京地区著名的大宗出土就有明董四墓、万贵墓、万通墓以及闻名世界的明定陵地宫等。

漆器

漆器艺术是中国传统工艺美术的一个独特门类。将数层乃至数十层以上的漆料堆涂装饰于木质、丝帛织物为胎骨的器物表里，古时称"髹"。以此种工艺制成的日用器皿轻巧美观，并具有抗酸碱和耐湿抗腐的特性。

考古发掘中已知的时代最早的中国漆器，出土于距今约7000年前的浙江余姚河姆渡文化遗址中。一件形状古拙的木碗内外保存的朱色涂料，经化验被认为是一种生漆。产生于距今约3000年的浙江良渚文化时期的一件嵌玉高柄朱漆杯表明，当时漆器的制造已和玉雕相结合，超出实用功能而成为艺术品。

北京、河南、河北、山东、陕西、甘肃、湖北、安徽等广泛地域出土的夏商周三代漆器说明，在公元前21世纪至前5世纪，漆器已经历了它最初的繁荣期。东

【河姆渡文化】

河姆渡文化是中国长江流域下游地区古老的新石器文化，第一次发现于浙江余姚河姆渡，因而命名。主要分布在杭州湾南岸的宁绍平原及舟山岛，年代为公元前5000年至公元前3300年。河姆渡文化的社会经济以稻作农业为主，兼营畜牧、采集和渔猎，人们的居住地已形成大小各异的村落。

周战国，可以称为中国漆器发展的第一个高峰。此时正值青铜工艺的尾声，轻便耐用、装饰性强的漆器开始大量进入上层社会的日常生活。这一时期的考古发掘中，漆器的数量大增，尤以楚国（今湖北、湖南一带）墓葬的漆器出土最多，工艺最精。

古时楚地漆树成林，木源和漆源充沛，而且气候温润，使得人们在髹漆过程中，漆表不易过快干燥而发生表面的脆裂。由于其地河湖纵横，土壤多呈中性，且地下水位高，因此，楚地密闭深埋的墓葬中，大量精美的古代漆器得以逾千年而完好如初。迄今发现的楚国漆器，不但包括杯、豆、盒、匣等小件器物，甚至连大型的棺、床、钟架、磬架以及兵器外表也髹以彩漆。漆的色调基本以红、黑两色为主，用于小件器物上，则多是"朱画其内，墨染其外"。器内涂朱红，色调明亮撩人，令器体亦显得轻盈可爱；外髹黑漆，沉寂凝重，使器物又具稳健端庄之美。红黑对比，冷暖互济，更衬托出漆器的典雅和富丽。当然，红黑漆的化学稳定性最好，这点似早已被当时的人们发现，所以，木器大面积采用红黑漆作底漆，漆画则根据题材的需要，采用红、黄、蓝、白诸原色及青、绿、褐、金、银色漆。

两汉以后，随着瓷器烧制技术的突飞猛进，漆器似乎逐渐被排挤出社会生活的舞台。从那时起直到宋元以前，中国各地出土的漆器都很有限。但从数量不多的三国至唐朝漆器作品看，其工艺水平并不逊色。1984年，安徽马鞍山东吴朱然墓中出土了一批漆器，约80多件。其制作水平之高超，装饰之华美，令中外学者耳目一新，被认为是目前发现的三国漆器的代表作。特别是器

张成造栀子
纹剔红盘，元朝。

表彩画，内容丰富，线条灵动，油彩绚烂，属艺术水平极高的漆画作品，为中国美术史增添了宝贵的实物资料。

元明清三朝，是漆器工艺发展的鼎盛时期。这时的漆器已经完成了由日常实用物向纯艺术品的转变，制作手法和装饰技巧都达到了炉火纯青的境界。种类分雕漆、金漆、犀皮、螺钿镶嵌几种。

雕漆，是在堆髹数十层乃至上百层，漆层厚度往往超过10毫米的漆材上剔刻人物、楼台、花鸟，工艺复杂繁缛，可分为剔红、剔黄、剔彩、剔犀等。金漆有泥金、描金、戗金数种，戗金制作难度最大，效果亦最华美。

元代时，江浙一带漆工艺人荟萃，尤以嘉兴剔红高手张成、杨茂声望最高。现藏北京故宫博物院的"张成造"款栀子纹剔红盘和"杨茂造"款花卉纹剔红尊，都是传世的元代剔红漆器珍品。

明朝时，全国各地形成了一批以擅长某种漆艺而著称的造漆中心，如云南雕漆、扬州百宝嵌、苏州金漆器、山西金漆家具等，百艺争辉，各领风骚。特别是明隆庆年间（1567—1572），安徽新安一位既擅制作又能著述的漆器艺人黄大成，撰写了一部全面总结髹

张成造云纹剔犀盒，元朝。

描金黑地山水楼阁图漆手炉，清雍正至乾隆年间。

漆艺术的专著——《髹饰录》。他根据前人的经验和自己的实践，将中国历代漆器的制造方法、原材料、工具等归纳为十四类予以总结叙述。这是中国古代唯一的漆艺专著，有着重要的学术价值。

清代漆器工艺高峰出现在雍正、乾隆年间，仍以南方水平为高，不但浙江、江苏保持着优秀的传统技艺，广东、福建漆器也因其用料考究、镶嵌丰满而畅销海内外。

乾隆时，清廷命牙雕匠师参与雕漆制作，创造出许多宫廷雕漆艺术品。但当时漆器的主产地仍然在江南的苏州等地。《苏州府志》记载，"苏州漆器有退光、明光、剔红、剔黑、彩漆多种，制作均甚精美。"乾隆皇帝对艺术品的钟爱刺激了漆器艺术的勃兴，大量的宫廷订单被发往苏州等地，使得当地的雕漆在乾隆年间大盛。同时，各种彩绘、金漆、镶嵌漆器也受到皇帝的垂青。如扬州所制的百宝嵌，用金银、宝石、珍珠、翡翠、玛瑙、玳瑁、绿松石、螺钿、象牙、蜜腊、沉香等十多种珍稀原料，在漆器上贴镂镶嵌，组成人物山水、树木楼台、花卉飞鸟等图案，大者如屏风桌椅，小者有盒匣书箱，五色陆离，千文万华，但极致之中已显露出繁琐堆砌、过于雕琢的弊端。

竹木牙角器

竹木牙角器是中国古玩行的一种习惯性分类称谓，多为以竹、木、象牙、犀角、牛角等雕刻的小型陈设品或高档日用品。它们形体虽小，却往往穷工极巧。

竹雕或称竹刻，最早的墓葬出土见于西汉马王堆一号汉墓中，北方的西夏古墓中也发现过竹雕残器。南北朝以后，文人记述中已有关于竹刻制品的文字，但由于竹易腐，直至宋元的墓葬中都少有发现。

自明中叶起，刻竹逐渐成为专门的艺术。明末嘉定（今上海市）人朱鹤及子朱缨、孙朱稚征三代相传，是著名的竹刻世家。他们祖孙三人创立的嘉定派竹雕，对后世产生

商嵌松石象牙杯，安阳殷墟出土。

竹根雕李铁拐，清朝。

了极大的影响。清初竹刻大家吴之，便是继三朱之后的嘉定派竹雕第一高手。他承三朱之真传，又独创了薄地阳文竹刻，并将这种刻竹之法移用于木雕，创作的人物、花木、山水，玲珑剔透，立体感极强。现藏北京故宫博物院的"东山报捷图黄杨木笔筒"，便是吴之的代表作品，采用薄地阳文刻法，布局疏朗，刀法圆润，高浮雕的刻法使众多人物和景物具有呼之欲出的动态效果。

由于竹刻的原料相对低廉，质地又较金玉铜石松软得多，遂有大量文人士子加入刻竹大军。但受材料体量本身的限制，竹雕与竹根雕均无大器。因此，除了作为艺术品外，其使用功能多限于文房用品，如笔筒、香筒、印盒、墨盒等。

这里所指的木雕也不是指大型木质雕塑。这不是说中国古代没有大型木质雕塑，而是因为这些大型雕塑通常表现为建筑装饰或宗教题材的人物造像，不属于过去古玩收藏的品类。相沿至今，存世量最大的大型木雕宗教人物雕像，依然被划在造像类中，大多也依然被供奉在寺庙中供人们膜拜和观赏。

文物中特指的木雕，主要是指兴起于明清的小型人物、工艺雕塑和文玩架座，也包括一些稍大的根雕艺术品。人物雕塑内容多为儒家、道家和佛教的人物故事；南方床架上大量的小型高浮雕望板，则以传统的二十四孝、八仙过海、三国人物，以及《牡丹亭》、《西厢记》等为题材。工艺雕塑则有如意、摆件、挂件等小装饰品。

明清时期的象牙、犀角多是通过海外贸易来到中国的，其雕刻工艺十分繁缛细腻，如透雕象牙套球、编织象牙丝纨扇、编织象牙席、镂雕象牙香筒等，都是中国现存的明清象牙雕珍品。犀角由于有极高的药用价值，所以通常被雕刻成精美的酒杯。一方面，犀角美丽的天然色泽和精湛的工艺制作使其可以成为掌中把玩之物，另一方面，可以利用酒精分解犀角中的药用成分，起到清热解毒的作用。作为昂贵的象牙和犀角的代用品，牛角也渐渐混迹其中。

匏器

匏器，又名葫芦器，是中国特有的一种人工与天然相结合的工艺美术品。做法是把藤上初生的嫩葫芦包封在人工刻好的范模之中，使其按范模所约束的形态生长，成熟后取下模具，便得到人们预定的各种器形和纹饰。匏器的制作在清康熙、乾隆时最盛，器形有瓶、碗、盆、盒等。匏器制作的成功率很低，成百上千件模具中仅可长成一两件完好如人意者，因此其中的精品是十分珍贵的。同时，葫芦有着外光内柔、轻巧保暖等特点，遂发展出细线刻画的工艺品和用以饲养过冬鸣虫的专用器具两大分支。

织绣

明清时期，织绣工艺多姿多彩。大品种有锦、缎、绸、罗、纱、绉、绫等。特别是萌发于宋元的丝织新品种缎，成为此时高级丝织品中

匏制瓶，清雍正年间。

最流行的一类。缎织物的提花工艺与织金绣技艺结合，出现了暗花缎、闪缎、织金缎、织金妆花缎等，极一时之盛。织锦是历史悠久的传统丝织品种，明清时按产地和特色分，有云锦、宋锦、蜀锦、回回锦、壮锦等。

刺绣和缂丝是两种高级丝织工艺，宋代已分化为实用和欣赏两大类别，明清时更加追求绘画效果。如明末"顾绣"传人韩氏工于绘画和织绣，曾以宋元名画为蓝本摹绣，有"画绣"之称。缂丝与刺绣一样，也出现了摹缂书法名画和佛教图画的风尚。

与商业生产的绣品截然不同的中国民间刺绣，早已引起全世界收藏者的高度重视。在中国封建社会，"男耕女织"的生产、生活方式不仅是社会最基本的细胞，也是中国古典哲学和伦理道德规范的基础。又因为中国是丝织品的原产地，所以中国妇女两千多年来的家庭必修课之一就是"女红"。女孩子必须要为出嫁绣制出从帘帐到内衣、绢帕的各类用品，这会成为未来夫家考察其品德的重点内容，所以来不得半点马虎和敷衍。或许这也是中国织绣高度发达的深层原因之一。

景泰蓝

景泰蓝，即铜掐丝珐琅，因在明景泰年间（1450—1456）开始大量制造，故名"景泰蓝"。这种工艺在元代时由波斯传入云南，后经明代匠师融入传统的金属镶嵌工艺，又辅以陶瓷工艺中的一些技法，终于发展成一种完全中国化的工艺美术品种。其做法是以铜为胎，再用铜丝掐成花纹丝焊于胎上，然后将珐琅釉料填嵌在花纹中，入火烧烤后打磨而成。景泰蓝底色釉多翠蓝与宝蓝，以之衬托纹饰中其他红、绿、黄、白各色釉，再配以镀金掐丝，光亮夺目，富丽华美。

景泰蓝茶具

一般来说，制作于明代的景泰蓝器铜胎较为厚重，器物造型趋向朴实沉稳，色彩浓重但不浮华，表面图案也不觉繁复。清代前期，由于追求更为亮丽和华贵的效果，构图有过分精细的趋向，到中后期则显露出明显的轻薄粗糙。

景泰蓝制品中大者如故宫梵华楼中的景泰蓝藏式佛塔，高达2.3米；小者如首饰盒、牙签盒等，仅可一握。华丽的外表，精湛的工艺，使景泰蓝的艺术生命力长盛不衰，一直发展到今天。

紫砂壶

紫砂壶是紫砂陶器中的一种，以江苏宜兴南部一种特殊的陶土——紫砂泥烧制而成。紫砂泥非常细腻，有良好的可塑性，色呈紫、紫红、绿几种，因此紫砂壶不以色泽取胜，而是以丰富多姿的造型和泡茶的独特效果见长。紫砂壶使用越久，表面就越光润，用它泡茶不易变味，而且即使是用过的空茶壶，冲入开水后也保留有茶的芳香。

紫砂提梁壶，明朝

　　明中叶后，江南文人雅士也参与紫砂壶的设计制作，烧制出形如冬瓜、菱花、竹节、花鼓、鹅蛋、天鸡等各种惟妙惟肖的造型，有的壶上还加有书画篆刻，成为情趣高雅的艺术品。

　　紫砂壶中的名品不以雕饰繁琐为美，反以"素面朝天"为贵。这就像无伴奏的演唱，难在无以藏拙。审视紫砂壶品质的基本方法并不难：首先微微倾斜壶身，目测其柄、注、流应当处于一条直线上；其次细细用手抚摸壶身，应细腻、光润，但非滑不住手；拿掉壶盖后，细审壶内口沿与流连接处的做法往往是断代的重要依据；再将壶倒扣在平桌面上，其柄、口、流应该呈一平面。由于陶瓷类器物的器身和盖子虽同窑烧成，但收缩比却不完全一致，所以，盖子和壶口结合得严密与否，在大多数情况下就成了真品与赝品、名品与一般制品间的差异之一，而有无款识倒并非重要无比。因此，紫砂壶并不都是越旧越好，关键是其品质本身决定其价值。

文物的收藏与保护

盛世收藏

俗话说："乱世买黄金，盛世重收藏。"

中国古代历史上凡盛世王朝，大都是文物收藏、鉴赏的黄金时代。商代是第一个史书记载详尽、文化遗迹丰富的王朝，出土文物显示，当时的统治者收藏了数量惊人的玉石珍宝。如在商王武丁妻子妇好一人墓中，就随葬有各类宝物1600余件，其中仅玉器便有755件之多。而商的末代君主纣王，也在都城建鹿台，专门收藏存放诸侯国进献的珍稀宝物，后来周武王攻入商都，纣王走投无路，还不忘到鹿台上穿戴起珠玉连缀的衣服自焚。

汉代皇室十分注重文物收藏。汉武帝专门设置秘阁，聚藏书籍名画，其中还保存了战国齐桓公时的铜器。《汉书·郊祀志》记，汉宣帝亦为收藏珍玉宝鼎设祠于未央宫中。东汉明帝刘庄（58—75在位）"雅好丹青，别开画室"，收藏了很多书画珍品。

唐代极盛200多年，上至皇帝，下到百官，几乎无不热衷古物收藏。传说太宗李世民就指使人骗得晋代大书法家王羲之（303—361）《兰亭序》真迹，并将其随葬于自己的陵墓唐昭陵中。唐著名画史专著《历代名画记》的作者张彦远家族，一门之内先后出了三个宰相，在朝廷担任三品以上官员达五代。这个家族在唐朝长久的安定和繁荣中，凭借特殊的政治地位，收藏了大量名家书画作品。张彦远在《历代名画记》中说："凡人间藏蓄，必当有顾、陆、张、吴著名卷轴，方可言有图画……"意思是，你敢声称自己是书画藏家，起码要拥有顾恺之、陆探微、张僧繇、吴道子的名卷。唐代收藏风气之盛，藏家藏品之精，由此亦可见一斑。

宋代金石学兴起，许多著名学者投身其中，其前提就是青铜器和碑刻铭文的收藏和研究风行。宋徽宗敕命编撰的《宣和博古图》，记录皇室在宣和殿一处收藏的青铜器就有800多件，均属夏商周三代重器。每器附摹绘图、尺寸、重量、铭文拓片和释文，有的还有出土地点和原收藏家的姓名。宋徽宗同时还下令编撰《宣和画谱》和《宣和书谱》，前者收录魏晋以来画家230余人，名画6300多件；后者著录书法家近200人，作品1300余件。宋代著名学者欧阳修（1007—1072）收集的金石铭文拓本多至千卷，都装裱成册。

清代文物收藏规模更为扩大，研究更为深入，特别是康熙、雍正和乾隆皇帝都精通中国传统文化，对古物艺术情有独钟。他们以帝王之尊，引领当时收藏、鉴赏、研究文物的时代风尚，成就了一大批享誉后世的文物鉴赏和研究专家。著录清皇室藏书画的《秘殿珠林》、《石渠宝笈》，显示清代一些著名收藏家如梁清标（1620—1691）、孙承泽（1592—1676）、耿昭忠（1640—1686）、卞永誉（1645—1712）等人的收藏，已经大部分归入皇家内府。这被认为是宋代以后中国顶尖文物一次最大规模的集中。

乱世流散

如果不算几千年历史中战乱、天灾造成的损失，中国文物最近的大流散发生在清朝末年和民国初年，其中最令人痛心的几次损失如下：

一，圆明园被焚。位于北京西北郊的圆明园，是中国建筑、园林艺术集大成者。这里是晚清皇帝的日常驻地和办公场所之一，中西风格荟萃的楼阁殿堂里，收藏陈设着各种文物和艺术品。1860年第二次鸦片战争中，英法联军闯进圆明园，先是疯狂抢掠，继而放火焚烧。随军的英军书记官记录了当时的场面：

"十月十七日，联军司令部正式下令可以自由劫掠，于是英法

军官和士兵疯狂抢夺，每个人都腰囊累累，满载而归……法国兵驻扎园前，法人手持木棒，遇珍贵可携者则攫而争夺，遇珍贵不可携的如铜器、瓷器、楠木等物，则以棒击毁……"

近年来，圆明园的一些被掠文物频频出现在国际艺术品拍卖市场上，影响最大的是原海晏堂的十二生肖青铜水喉，其中牛、虎、猴、猪、马、鼠、兔首已经现身，有的被购回，蛇、羊、鸡、狗首还下落不明。

二，西北丝路古道文物的流失。19世纪到20世纪初年，西方的一些探险家和学者深入中国各地进行探查，其间伴随着掠夺和破坏，使大量中国文物流散国外。其中最重要的，是西北丝路古道上敦煌莫高窟藏经洞出土的古代文书、写经、佛教绘画等珍贵文物。

1900—1913年，受雇于英国的匈牙利人斯坦因（Marc Aurel Stein，1862—1943），三次进入中国西北地区，在新疆盗挖了多处古遗址和古墓葬，获得大量木牍、文书及古代艺术品，特别是在敦煌莫高窟，从刚发现不久的藏经洞文物中挑选了大量经卷和佛画，装满20多个大木箱，运回伦敦。后来，法国人伯希和（Paul Pelliot，1878—1945）又接踵而来。他精通汉语，了解中国传统文化，比不识汉字的斯坦因更会挑选。他从敦煌藏经洞中拿走的文物堪称精品，其中写本部分入藏法国国立图书馆东方部，绢画、丝织品入藏法国集美博物馆。

此外，当时在中国西北地区劫掠文物的外国人还有多批，包括瑞典人斯文赫定（Sven Andera Hedin，1865—1952）、俄国人鄂登堡（1863—1934）和日本人大谷光瑞（1876—1948）、橘瑞超（1890—1968）等，他们劫走的艺术珍品至今保存在各自国家的博物馆中。

三，末代皇帝家贼自盗。如果说西方人劫掠中国文物是强盗行径，清朝末代皇帝溥仪一手造成的清宫文物流失就是家贼自盗。早在1924年溥仪被强制出宫的前两三年中，就以"赏赐"、"借出"为名，把大批珍贵的宋元版图书和晋唐宋元书画转移出宫，最后装载了70多只木箱，秘密运到天津英租界收藏。溥仪自己后来在《我的前半生》一书中承认：

"运出的字画古籍都是出类拔萃、精中取精的珍品，因为那时正值内务府大臣和师傅们清点字画，我就从他们选出的上品中挑最好的拿。""运出的总数大约一千多件手卷字画，二百多种挂轴和册页，二百种上下的宋版书……这批东西移到天津，后来卖了几十件。伪满成立后，日本关东军参谋吉冈安直又把这批珍品全部运到东北，日本投降后，就不知下落了。"

包括以上几大批文物在内，近百余年间中国被劫掠散失海外的珍贵文物不计其数，它们大部分藏于许多国外博物馆，也有很多被

商代鸟兽纹觥，美国弗利尔美术馆藏。

私人收藏（这些文物往往难为世人所知）。海外博物馆藏最知名中国文物主要有：

美国，纽约大都会博物馆是该国最大的艺术博物馆，收藏的中国文物有商周青铜器、南北朝到元代的各种石雕、木雕、书画和瓷器精品，最著名的有洛阳龙门石窟帝后礼佛图石雕中的"皇帝礼佛图"（"皇后礼佛图"被收藏于堪萨斯城的纳尔逊—阿特金斯艺术博物馆）。位于费城的宾夕法尼亚大学博物馆，藏有唐太宗李世民陵墓"昭陵六骏"中的两骏——"拳毛䯄"和"飒露紫"石雕。

欧洲，英国大英博物馆收藏的中国文物最多，镇馆之宝为晋代名画家顾恺之所作《女史箴图》，此外还藏有木雕观音菩萨坐像、唐天王立像，敦煌藏经洞出唐代画幡、绢画和写经、文书，都是举世无双的珍品。

法国是欧洲仅次于英国的中国文物藏品中心。巴黎卢浮宫是法国收藏中国文物最集中之地。卢浮宫博物馆的分馆集美博物馆是亚洲文物专馆，该馆一半以上藏品都是中国文物，有3万件之多，其中包括6000多件瓷器和大量彩陶、铜器、敦煌画卷和宋元明绘画。

日本从明治维新以后就有计划地收集中国文物，各地博物馆、美术馆、寺庙、财团和一些个人收藏着不下数十万件中

伦敦不列颠博物馆收藏的敦煌绢画

唐昭陵六骏之一"飒露紫",美国宾夕法尼亚大学博物馆藏。

国文物。日本文物定级由上至下分为国宝、重要文化财、文化财等几个标准,流散日本的中国文物中被其定为国宝的有100多件,定为重要文化财的数以万计。日本许多博物馆、美术馆中都设中国文物专馆,其中东京博物馆藏品最丰,有五大陈列室专门展出中国文物。

文物保护任重道远

1949年以后的半个多世纪,中国政府为海外中国文物的回归和保护付出极大努力,通过各种渠道收回了许多珍贵文物。但是,文物不可再造的特殊属性和巨大的利益驱动,使得中国文物仍然面临流失的风险。

目前,世界范围内越来越严重的文物走私,使得古代艺术品纷纷流向发达国家公私收藏家手中。以中国文物为例,自从中国书

画因真伪问题的困扰而被西方主要艺术品市场停止拍卖后，古代石雕和泥塑类作品开始被看好，特别是直接出自古遗址、古墓葬、古寺庙的石雕和泥塑像更是行情一路飙升。近年来中国国内墓葬、窖藏、石窟、寺庙频频发生石雕像和泥塑像被盗劫案件，大体都与这种背景有关。

事实上，早在1970年联合国《防止非法贩运的公约》中，就特别强调了文化财产不得从其原来所在地方分割的概念。因为一件古代艺术品，只有在它本来所处环境中才能完整、准确地体现其内涵。这一概念促使发达国家的博物馆和收藏家重新反思自己的作用，也直接促使国际博物馆协会通过了在获取和转让艺术品时规范自己行为的职业道德准则。同时，国际艺术品市场上要求供货商对所售物品来历负责的压力也愈来愈大。逐渐完善的国际公约正向以往的这些做法提出挑战，敦促艺术品商人要谨慎行事。

近年来，中国政府一方面加大了对文物保护的支持力度，另一方面制定修改相关法律，严厉打击文物盗窃和走私活动，并加强了与国际上相关国家的合作。总之，中国的文物保护已取得了相当成绩，但依然任重道远。

附录：中国历史年代简表

旧石器时代	约170万年前—1万年前
新石器时代	约1万年前—4000年前
夏	公元前2070年—公元前1600年
商	公元前1600年—公元前1046年
西周	公元前1046年—公元前771年
春秋	公元前770年—公元前476年
战国	公元前475年—公元前221年
秦	公元前221年—公元前206年
西汉	公元前206年—公元25年
东汉	公元25年—公元220年
三国	公元220年—公元280年
西晋	公元265年—公元317年
东晋	公元317年—公元420年
南北朝	公元420年—公元589年
隋	公元581年—公元618年
唐	公元618年—公元907年
五代	公元907年—公元960年
北宋	公元960年—公元1127年
南宋	公元1127年—公元1279年
元	公元1206年—公元1368年
明	公元1368年—公元1644年
清	公元1616年—公元1911年
中华民国	公元1912年—公元1949年
中华人民共和国	公元1949年成立